BASICS

MATÉRIALITÉ

MANFRED HEGGER HANS DREXLER
MARTIN ZEUMER

BASICS

MATÉRIALITÉ

BIRKHÄUSER – ÉDITIONS D'ARCHITECTURE
BÂLE · BOSTON · BERLIN

TABLE DE MATIÈRES

AVANT-PROPOS

Le matériau joue un rôle décisif dans l'apparence et l'expressivité d'un bâtiment. Élément indispensable, il est avant tout un médiateur entre l'homme et le bâtiment. Le matériau nous renseigne sur la construction, sur sa structure et sa fonction. Les surfaces sont perçues par les sens, elles éveillent des sensations. Un matériau ouvre un bâtiment vers l'extérieur, le rend léger et transparent ou, à l'inverse, monolithique et massif ; le choix des matériaux fait donc partie intégrante du projet et permet de trouver le type de langage architectural adéquat. La matérialité d'un bâtiment doit être conçue et mise en œuvre avec soin. Elle soutient le projet et, le cas échéant, le guide. Les possibilités offertes par les différents matériaux sont nombreuses et constituent pour l'architecte un moyen d'expression rêvé.

Présentant pas à pas les principes de base d'un nouveau champ de connaissances, la série « Basics » se veut un instrument utile et pratique au cours des études d'architecture. L'idée n'est pas de traiter de manière exhaustive un domaine spécialisé mais de donner aux étudiants des explications simples et claires sur les problématiques et les paramètres essentiels d'un thème.

Le volume « Matérialité » aborde avant tout les caractéristiques physiques des matériaux et des matières. Les auteurs n'en dressent pas un inventaire complet mais se concentrent sur les informations essentielles pour la conception architecturale et la perception future du bâtiment. L'accent est mis sur l'emploi raisonné des différentes matières et la diversité des possibilités qui en découlent pour le projet architectural. Dans un premier temps, les propriétés touchant à la perception sont expliquées afin de donner des repères dans ce monde physique et sensible. L'ouvrage présente ensuite de façon systématique les différents types de matériaux. Les matériaux les plus importants sont définis selon leurs particularités propres. On y trouvera, par ailleurs, la description des partis pris architecturaux et des principes de conception courants.

« Matérialité » constituera pour les étudiants en architecture une source de renseignements utiles pour mettre en œuvre les différents matériaux, pour donner forme et vie à leur idées et à leurs projets.

Bert Bielefeld
Éditeur

INTRODUCTION

L'architecture donne corps à une idée conceptuelle. Le choix des matériaux détermine de manière décisive le passage du projet à la réalité et l'effet produit sur l'observateur. On dispose aujourd'hui d'un nombre infini de matériaux; cependant, un bon projet d'architecture se limite forcément à des matières spécifiques.

Que signifie dans ce cas le terme matérialité? Comme cela est fréquent dans le débat architectural actuel, c'est un concept emprunté, quelque peu brocardé, à la définition toujours floue et ambiguë. La plupart du temps, il se rapporte à la surface de l'architecture. L'apparence des matériaux concourt à la perception de l'espace à travers le toucher, l'ouïe et l'odorat.

Dans la mesure où la surface ne représente qu'une partie de la matérialité, ce sens restreint peut être précisé si l'on parle de matérialité visible. Toutefois, la perception parvient à l'homme par d'autres canaux sensoriels que ceux de la vue. À lui seul ce constat permet d'affirmer que la matérialité recouvre davantage que la nature d'une surface.

La définition philosophique qui a longtemps marqué le terme de matérialité le confirme. La matérialité est alors entendue comme l'état d'un corps constitué de matière, doté d'une substance matérielle mais est aussi perçu comme une texture et une corporéité. La matérialité résulte donc du matériau; les divers aspects de la matière forment là un tout.

Néanmoins, cette définition ne regroupe pas tous les thèmes décrits par le concept de matérialité. Outre la surface, la structure interne et la formation d'une corporéité, il existe une dimension imaginaire, particulièrement importante en architecture. Les matériaux symbolisent des états de choses et suscitent des associations d'idées. On peut, par exemple, vérifier en se promenant dans n'importe quel quartier d'affaires que la pierre symbolise la richesse et le pouvoir. En cela la matérialité recouvre trois niveaux de signification: la matérialité visible, la matérialité intrinsèque et la matérialité imaginaire.

La perception de la matière suscite une expérience individuelle, propre à chacun, qui n'est ni vraie ni fausse. Nombre d'architectes de renom ont développé des points de vue personnels, qu'ils appliquent à la matérialité. Alvar Aalto, Tadao Ando, Louis Kahn, Peter Zumthor, entre autres, ont caractérisé durablement leur architecture à travers le choix des matériaux.

L'approche ludique et le plaisir d'expérimenter la matière enrichissent l'architecture. L'attrait de la nouveauté joue ici un rôle central. Tout architecte l'a expérimenté. Beaucoup cherchent à travers le choix des matériaux l'innovation capable de donner un caractère unique à leur bâtiment. Celle-ci offre des possibilités toujours plus grandes. En effet, la diversité des matériaux et leur emploi décalé, le franchissement des limites de la technique, l'abus conscient ou l'importation depuis des champs d'application étrangers à la construction sont les moyens stylistiques d'aujourd'hui.

D'une part, le choix des matériaux requiert une connaissance préalable d'un grand nombre de facteurs objectifs, dit « durs ». D'autre part, il fait appel à l'intuition et au flair, autrement dit à des facteurs « doux », pour trouver des matériaux appropriés au domaine architectural. Dans le cadre de cet ouvrage, on étudiera d'abord la matérialité suivant les facteurs « durs », évaluables de façon objective. Les questions importantes sont celles-ci : à quelles conditions générales extérieures sont soumis les matériaux et comment agissent-elles sur eux ? Qu'est-ce qui détermine l'emploi d'un matériau ? Comment systématiser le choix des matériaux ? Une fois cette base établie, les facteurs «doux» peuvent être pris en compte. La réflexion passe donc par l'examen du champ de possibilités offertes, puis par la définition de stratégies de projet, pour aboutir à des choix concrets issus de la matérialité.

Le chapitre «Critères de choix des matériaux» initie le lecteur aux problèmes fondamentaux de l'emploi des matériaux. Il passe en revue les principales contraintes qui s'exercent sur un matériau tout au long de son cycle de vie et pose les conditions d'une évaluation pertinente. Le chapitre «Les différents matériaux» explicite les critères de choix, les performances et les champs d'application des matériaux de construction les plus courants. De plus, les performances et capacités issues de leurs propriétés sont présentées sous la forme de spécifications et rassemblées dans un tableau récapitulatif des usages. Enfin, le chapitre «Concevoir avec les matériaux» initie aux différentes manières de créer à partir du matériau et de composer avec lui. Les différents partis pris et principes architecturaux y sont décrits et commentés afin d'offrir au lecteur des idées nouvelles, de lui montrer l'étendue des possibilités offertes par l'emploi des matériaux, et lui indiquer aussi comment aborder le projet architectural sous cet angle.

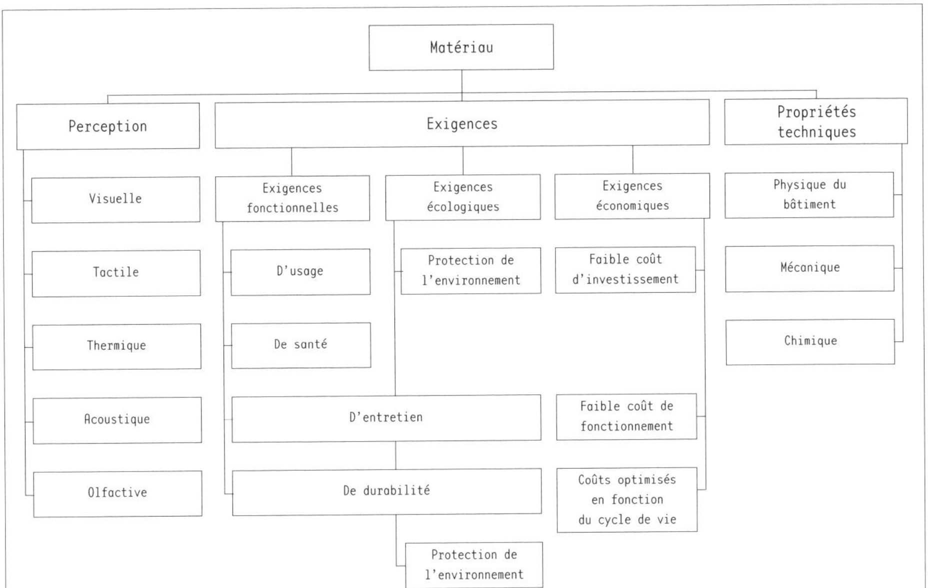

Ill.1:
Performances des matériaux

CRITÈRES DE CHOIX DES MATÉRIAUX

Durant plusieurs millénaires, le nombre des matériaux est demeuré très restreint. Ceux servant à la construction étaient rares, donc d'autant mieux connus et maîtrisés. Le savoir-faire lié à leur mise en œuvre s'est accumulé et transmis de génération en génération. Cet ensemble de connaissances, constitué au fil du temps et bien maîtrisé, a éclaté depuis le début de l'industrialisation. Nous disposons aujourd'hui d'innombrables matériaux. Des spécialistes dans ce domaine fournissent aux architectes des renseignements et les informent des dernières innovations. Le champ

\\ Remarque:
Les spécialistes en matériaux (« material scout » en anglais) ne constituent pas une profession reconnue mais représentent un champ d'activité ouvert aux architectes. Ils ont pour objectif de créer ou de développer des matières innovantes, d'associer les connaissances techniques à des problématiques spécifiques et d'apporter aux architectes praticiens de nouvelles idées.

des performances s'est élargi en même temps que l'augmentation du choix. On n'attend pas d'un architecte qu'il connaisse en détail toutes les propriétés de tous les matériaux, mais plutôt qu'il sache établir des liens et en tirer des conclusions. À la lumière de ses connaissances, il doit recenser, au moment du projet puis de sa réalisation, les différents niveaux d'appréciation du matériau. Aux exigences liées à la perception guidant la conception architecturale, s'en ajoutent d'autres liées à l'usage, à l'écologie, au coût et à la technique. › voir ill. 1

PERCEPTION DES MATÉRIAUX

Tous nos canaux sensoriels perçoivent les effets produits par la matière. L'homme dispose pour cela de différents sens :

_ La vue – voir
_ Le toucher – toucher
_ Le sens thermique – ressentir
_ L'ouïe – écouter
_ L'odorat – sentir

Perception visuelle

Plus de 90 % du flux des informations reçues par l'homme proviennent de la vue. Aussi, on notera sans surprise que la sélection visuelle constitue souvent le premier critère de choix pour un matériau.

Perception des surfaces

La vue se base sur la transmission d'un rayonnement. La capacité correspondante de la matière est la réflexion du rayon sur sa surface. C'est pourquoi la lumière qui éclaire un matériau joue un grand rôle dans la perception visuelle. La peau de la matière, selon qu'elle apparaît brillante ou mate, claire ou foncée, homogène ou texturée, est le fondement de la création architecturale. L'aspect lisse des surfaces obtenues industriellement séduit tout autant que les traces irrégulières d'un travail manuel peu visibles au premier coup d'œil. Les volumes gagnent en profondeur lorsque la lumière tombe latéralement sur la texture. Des fenêtres ou des sources lumineuses judicieusement placées soulignent la plasticité de la matière. › voir ill. 2

Transparence

Cet effet est si prononcé avec les matériaux transparents qu'il semble opérer en dehors de la matière. On peut ainsi superposer des surfaces de texture régulière, semi-transparente, en verre ou en résine mais aussi des matériaux opaques ou perforés. Suivant les différents points de vue, l'effet d'interférence recherché semble modifier la structure initiale. Le bâtiment s'anime, les grandes surfaces uniformes gagnent en vitalité. › voir ill. 3

Couleur

La couleur des matériaux est significative, elle aussi. Si le matériau est clair, il est aussitôt perçu en volume, car l'œil saisit le contraste

Ill.2:
Texture d'une surface en béton

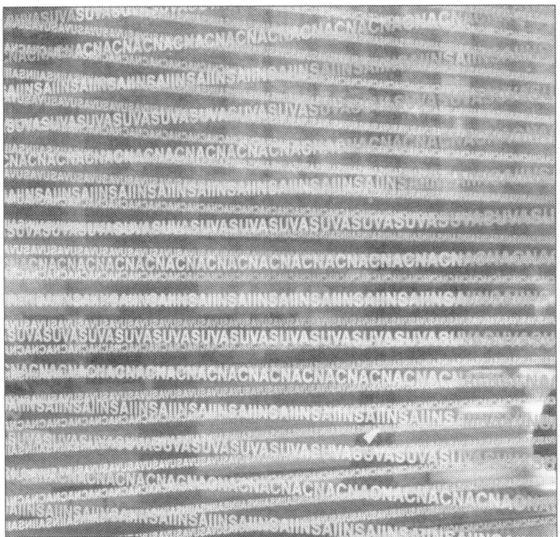

Ill.3:
Interférences d'impressions sur verre

– c'est-à-dire la différence de luminosité – avant la couleur. Dans le cas de matériaux clairs, ce contraste entre ombre et lumière est très marqué. Quant aux matériaux sombres, ils n'offrent qu'une différence réduite, la plasticité de leur surface est moindre : on les perçoit plutôt en deux dimensions.

Les couleurs influent sur la perception de l'espace. Les teintes chaudes donnent l'impression d'un espace plus petit, les froides, d'un volume plus grand. Elles agissent sur l'observateur au plan émotionnel et inconscient. Les couleurs froides repoussent et les couleurs chaudes attirent.

Échelle

La taille et l'échelle des matières et des surfaces déterminent l'effet produit. Les différentes textures agissent sur la perception à courte, moyenne et longue distance. L'impact d'un matériau diffère selon son degré de préfabrication, sa texturation, la taille de ses composants, leur assemblage et les autres traitements de surface. Le choix des matériaux permet aussi bien d'intégrer un bâtiment à son environnement que de l'en isoler. › voir ill. 4

Association d'idées

En situation de perception, l'observateur réduit le nombre infini de sollicitations visuelles aux plus essentielles et s'en fait une image personnelle en fonction de son expérience. L'architecte peut mettre à profit ce phénomène en jouant sur des associations d'idées connues. Par exemple, la mise en œuvre en façade de briques de format inhabituellement petit donnera l'impression d'un bâtiment beaucoup plus grand qu'il ne l'est, et ce, du fait de la perception inconsciente des échelles. › voir ill. 5

Ill.4:
Reflets brisés

Ill.5:
Association d'échelles

Perception tactile

Du point de vue de la perception tactile, le corps entier et surtout la main deviennent un organe sensoriel. Elle palpe la surface des matériaux et ses propriétés : plat ou inégal, lisse ou contondant, dur ou mou, froid ou chaud. › voir ill. 6

Les poignées et les mains courantes offrent une meilleure prise si les mains parviennent à s'en saisir complètement. Les matières molles qui épousent la forme de la main sont agréables au toucher. Certains éléments de la construction captant la chaleur invitent au contact et encouragent l'utilisation par exemple des balustrades ou des appuis de fenêtres. › voir ill. 7

Les températures de surface, le rayonnement et la réflexion des matières stimulent la perception thermique de la peau. L'impression est agréable et chaude si les parties du bâtiment en contact avec le corps n'en n'absorbent pas l'énergie, comme c'est le cas pour les matériaux dotés d'un faible coefficient d'absorption et d'un fort rayonnement. Les matériaux denses tels l'acier ou le béton absorbent la chaleur du corps et procurent une sensation de froid.

Perception thermique

Ce principe fonctionne aussi sans le toucher car l'homme perçoit naturellement les différences de température entre l'air et les surfaces environnantes. Une absence de rayonnement sera interprétée comme du froid. À l'inverse, des surfaces massives exposées au soleil seront encore perçues quelques heures plus tard, de nuit, comme une source de chaleur. Quatre

Ill.6:
Main courante rugueuse, froide et dure

Ill.7:
Poignée recouverte de cuir

facteurs déterminent la perception thermique chez l'homme : la vitesse de l'air, sa chaleur, le rayonnement des surfaces proches et l'humidité. Le climat intérieur d'un espace donné résulte de ces quatre facteurs. L'humidité détermine de manière particulière le bien-être thermique. Si elle augmente, la température perçue s'élève aussi. Les matériaux absorbants régulent le taux d'humidité d'une pièce. Ainsi, le plâtre ou la terre, mais aussi bien d'autres matériaux pleins contribuent à créer une atmosphère agréable. › voir ill. 8

Climat intérieur

Les matériaux à faible inertie thermique créent une atmosphère instable fortement soumise aux températures extérieures – surtout lors d'une période de canicule ou de grand froid. À l'opposé, les matériaux lourds ou denses, pourvus d'une inertie thermique élevée, créent un climat constant, grâce à une faible amplitude thermique et préservent le local des températures extérieures extrêmes.

\\ Remarque:
La capacité d'absorption, différente de la capacité thermique, permet à une matière de stocker l'humidité de l'air. L'absorption et le rejet de l'humidité dépendent du taux d'humidité de l'air.

Ill.8:
Mur en terre absorbant

Conjonction des expériences sensorielles

› Si la vue est le sens prédominant, les autres expériences sensorielles permettent d'appréhender de manière concrète les propriétés des matériaux. L'ouïe et l'odorat jouent eux aussi un rôle. On perçoit par exemple en marchant sur un chemin, le crissement atténué des grains de sable ronds ; l'odeur du bois dégage une sensation de bien-être. Plus le matériau sollicite des sens différents, plus global est le ressenti de la matière et de l'espace.

Contraste

Deux possibilités s'offrent à l'architecte : stimuler intentionnellement la perception et l'approfondir. Dans le premier cas, les canaux sensoriels perçoivent des expériences contrastées, par exemple une perception tactile en contradiction avec ce qui est vu. L'effet attendu ne venant pas, l'irritation se transforme en étonnement. Cependant, si ces contrastes dépassent une certaine mesure, ils peuvent susciter une sensation inconsciente désagréable.

Correspondance

Dans le second cas, on cherchera à assembler les matériaux de façon homogène et harmonieuse. Les correspondances et l'équilibre entre l'impression visuelle et les autres niveaux de perception tendent alors vers un bien-être corporel. Ces diverses impressions se complètent, se densifient pour créer une image cohérente. L'architecture est alors perçue comme une diversité de perceptions simultanées. Cette image peut cependant parfois tomber dans la surcharge émotionnelle et dans la banalité.

EXIGENCES ET BESOINS

Chaque matériau doit remplir sa fonction en répondant à des exigences et des besoins spécifiques. Les performances liées à son utilisation définissent la valeur d'usage d'un objet, du point de vue du propriétaire et usager. Elles concernent donc immédiatement leur destination. Les exigences auxquelles doit répondre un matériau sont de quatre ordres :

_ Exigences de confort
_ Protection contre les intempéries
_ Conservation des fonctions
_ Faibles nuisances environnementales

Exigences de confort

Les matériaux doivent satisfaire à des exigences de confort si leur surface entre en contact direct avec l'utilisateur. Cela concerne en particulier les surfaces des sols, des murs et des plafonds ou les éléments mobiles tels que portes et fenêtres. La notion de confort est difficile à cerner en termes techniques. Pour chacune des caractéristiques, on ne quantifie que quelques paramètres, › voir chap. Propriétés techniques comme par exemple le comportement antistatique des revêtements de sol. Dans de nombreux autres domaines, le concepteur doit s'en remettre à son expérience et à son intuition.

Absence de risque sanitaire

› Remarque

Bien-être thermique

Le caractère inoffensif et donc hygiénique d'un matériau est une exigence fondamentale. Les effets des matériaux à risque sont souvent redoutés bien longtemps avant d'être prouvés.

De multiples matériaux cachés dans les parois participent au bien-être atmosphérique et thermique d'un bâtiment. Ces matières isolantes empêchent les pertes d'énergie d'un bâtiment et la baisse des températures de surface et de l'air au-delà d'un niveau acceptable. Grâce à leur inertie thermique, les matériaux régulent la température des parois et de l'air, le taux d'humidité et l'amplitude thermique d'une pièce. Au même titre que l'isolation des portes et des fenêtres, des dispositifs pare-vent et

\\ Remarque:
Le souvenir est aussi relié à la perception sensorielle. La stimulation de plusieurs sens favorise la persistance des souvenirs.

\\ Remarque:
On trouve souvent des matières toxiques dans les revêtements de surfaces, les adhésifs et les liants, mais aussi dans les revêtements souples ou textiles. Mieux vaut mener une enquête approfondie et se tenir informé.

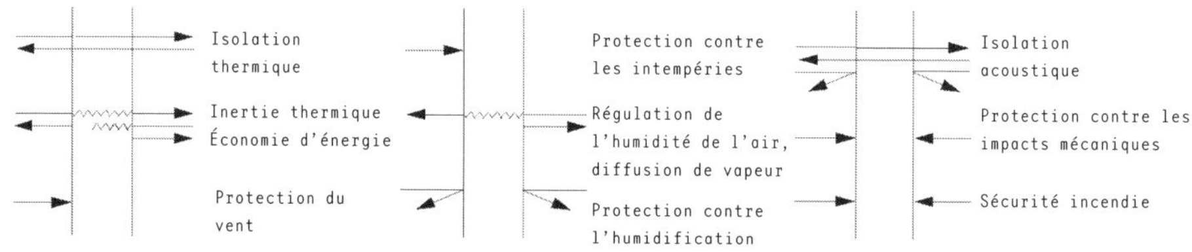

Ill.9:
Exigences de performances des façades

d'élimination des courants d'air réduisent les variations désagréables de l'atmosphère.

Confort acoustique

Le but de l'isolation acoustique est de limiter les émissions sonores gênantes. On réduit le bruit aérien (la propagation du son dans l'air) par des surfaces de matériaux à pores ouverts. Ces surfaces absorbantes bien dimensionnées – en matières élastiques ou à pores fins – atténuent la réverbération et améliorent la netteté des voix. La densité des matériaux empêche la transmission des sons. En l'absence d'une construction massive, une superposition de couches d'épaisseurs distinctes ou la désolidarisation des structures prévient la résonance.

Protection contre les intempéries

Les bâtiments remplissent des fonctions protectrices tout particulièrement contre les intempéries. Les façades, en tant qu'interface entre l'extérieur et l'intérieur, doivent satisfaire à de nombreuses exigences liées à l'occupation du bâtiment. › voir ill. 9

Lumière et air

Les substances chimiques (à radicaux libres tel l'ozone) contenues dans l'air agressent la structure du matériau. Cela entraîne parfois une modification des surfaces, les rendant plus vulnérables à la saleté ou leur faisant perdre de leur transparence ou de leur translucidité. On ne prescrira donc pour l'enveloppe d'un bâtiment que des matériaux résistants aux rayons ultraviolets.

\\Remarque:
On différencie les bruits et les sons. Les premiers sont souvent ressentis de manière négative. Les seconds sont caractéristiques de choses ou de situations concrètes. Leur contenu informatif contribue au bien-être indépendamment de l'intensité sonore.

Protection contre l'humidité

Les matériaux soumis aux intempéries ou placés dans des pièces humides doivent être protégés contre l'humidité. Les éléments fonctionnels qui guident le ruissellement de l'eau sur un matériau ou sur ses joints peuvent souligner sa matérialité. Cela vaut aussi pour la protection contre le gel. L'eau gonflant en gelant, l'humidité qui s'est infiltrée provoque des tensions au sein du matériau, en entraînant parfois la destruction. Il faut donc veiller à la pression exercée par l'eau, c'est-à-dire les risques de remontées d'humidité du sol par capillarité. Il est difficile d'améliorer après coup la performance du matériau sans occasionner de fortes dépenses. On protégera donc les murs en maçonnerie de l'humidité du sol grâce à une coupure de capillarité horizontale.

Dilatation thermique

La dilatation sous l'effet de la chaleur joue aussi un rôle décisif dans le choix et l'usage d'un matériau. Suivant la température, le matériau se rétracte (sous l'effet du froid) ou se dilate (sous l'effet de la chaleur). Dans ce dernier cas, s'il n'a pas assez de place, des contraintes s'exercent. Si deux matériaux entrent en contact, le plus tendre est forcément endommagé. C'est pourquoi on laisse un espace suffisant – autrement dit un joint de dilatation – entre chaque élément de construction, pour éviter qu'ils ne se touchent. La trame des joints pourra résulter du projet architectural, du procédé de construction ou de spécifications techniques. La largeur et l'épaisseur du joint sont calculées en fonction des dimensions et de l'allongement linéaire du matériau choisi.

Conservation des fonctions

Les matériaux ne doivent pas remplir leurs fonctions en laboratoire seulement, mais avant tout dans leur usage quotidien. Cette règle vaut même dans le cas d'une utilisation incorrecte. Si, par exemple, un matériau est peu résistant au niveau des arêtes, on y remédiera par un renforcement des angles. Un tel dispositif s'avère à la fois une solution technique et un moyen esthétique soulignant la propriété du matériau.

Abrasion

La dureté, la résistance au frottement et la classification des types d'effort indiquent la résistance d'un matériau à l'abrasion. Les sols en particulier subissent de multiples agressions : une forte abrasion conduit à la

\\ Remarque:
La dureté est la caractéristique physique qui s'oppose à l'abrasion : cette dernière désigne une usure des matériaux soumis à un effort précis, tandis que les différents types d'efforts classent les matériaux selon un comportement à l'usure comparable.

Ill.10:
Maçonnerie en brique recyclée

Ill.11:
Vieillissement d'une façade en bois

déformation puis à l'érosion de leur surface. La conservation des fonctions du matériau nécessite ici des mesures préventives adaptées, comme la pose de dalles absorbantes et nettoyantes ou de grands paillassons dans les halls d'immeubles. Ces zones peuvent bénéficier de matériaux spécifiques, métal, résine ou textile, par exemple, ou d'adjuvants s'intégrant au revêtement de sol choisi.

Coût d'entretien

Dès la conception du projet, on tentera de réduire le coût d'entretien des surfaces. Le nettoyage constitue d'ailleurs un type spécifique de sollicitation; dans certains cas, il provoque une abrasion des surfaces ou des dégradations durables. Aussi, les plinthes sont-elles un dispositif de protection efficace contre les effets de nettoyage. Ce genre de détails à première vue insignifiants modifie l'effet de l'architecture, car ils sont omniprésents.

Durabilité

Les matériaux ont à assurer leur fonction le plus souvent et le plus longtemps possible. D'un point de vue technique, cette propriété est dénommée durabilité. Si un édifice possède une durée d'utilisation limitée comme, par exemple, un pavillon d'exposition, on en tient compte dans sa conception. Dans le cas inverse, on vise une durabilité élevée pour tous

\\ Remarque:
La durabilité décrit la durée potentielle au cours de laquelle un élément reste utilisable.

Ill.12:
Graffiti sur le Reichstag à Berlin

Ill.13:
Façade en verre

les matériaux puisque chacune est différente, déterminée par ses sollicitations. Il serait judicieux de pouvoir remplacer chaque composant indépendamment des autres. Ces exigences soulèvent la question de la stratification, omniprésente dans la construction actuelle des parois. Celles-ci comportent en effet les équipements techniques, les surfaces de protection, les matériaux isolants et l'ossature du bâtiment. › voir ill. 10

Vieillissement

Les processus de vieillissement attestent du caractère éphémère et du déclin de la matière. Vu sous un jour positif, ils manifestent l'écoulement du temps et de la vie. À l'instar des hommes, les bâtiments vieillissent aussi avec dignité. La plupart des matériaux montrent après un certain temps des traces d'usure, provenant des intempéries ou de l'usage. Le vieillissement d'un matériau peut même être très beau lorsqu'il prend la forme d'une patine naturelle, que l'on recherchera alors de propos délibéré. C'est le cas de métaux comme l'acier ou le bronze dont la couche d'oxyde forme une patine.

Le vieillissement d'une façade en mélèze est aisé à expliquer: initialement rouge, ce bois, une fois soumis aux effets du climat, réagit aux rayons UV en devenant gris. Ces derniers décomposent les pigments naturels des parties exposées, celles à l'abri conservant plus longtemps leur couleur. › voir ill. 11 Sous l'effet d'une altération rapide accompagnée de traces de vieillissement, certains matériaux, à première vue innovants, présentent une dégradation de leur surface, ce qui leur fait perdre leur aspect moderne.

Si l'on ne fait rien pour empêcher le processus de vieillissement et les traces d'usure, ceux-ci conditionnent à leur tour l'aspect du matériau. La conservation de telles traces renseigne parfois sur une utilisation depuis longtemps oubliée. › voir ill. 12

Certains matériaux comme le verre ou la pierre polie ne laissent apparaître aucun signe visible de vieillissement. Le temps semble s'écouler sur eux sans laisser de trace. › voir ill. 13

Nuisances environnementales

Le secteur de la construction consomme une très grande part des ressources disponibles et produit la majorité des déchets. Les décisions prises durant la phase de conception ont un impact considérable sur l'environnement. Si l'on examine le cycle de vie d'un bâtiment, une amélioration des prestations écologiques va en général de pair avec une augmentation du coût. Il est cependant important de prendre en compte les impacts environnementaux lors du choix des matériaux.

Entropie

La mise en œuvre de l'aluminium requiert, par exemple, non seulement une grande dépense d'énergie mais aussi une forte consommation d'eau, lors du traitement de la bauxite. Ce procédé engendre en outre une concentration de métaux lourds dans l'eau et par conséquent dans la chaîne alimentaire. Le terme d'entropie désigne précisément un tel processus de mélange de flux de matières. L'objectif est donc de générer le moins de flux de matière possible et d'aboutir ainsi à une entropie stationnaire. ›

Cycle des matériaux

L'utilisation idéale de la matière est un cycle fermé : à partir de déchets, on produit de nouvelles matières. La qualité du recyclage est décisive pour la valeur écologique d'un matériau, la préservation des matières premières et l'énergie stockée dans les matériaux. On distingue la réutilisation (utilisation répétée du matériau), le recyclage (l'utilisation des matières premières chimiques issues de déchets) et le réemploi (l'emploi de déchets reconditionnés dans de nouveaux domaines d'application). Au sein du recyclage, on distingue le décyclage (ou downcycling) : transformation du déchet en produit de moindre valeur ; et le recycling : transformation du déchet en produit de même valeur.

\\ Remarque:
L'entropie désigne le mélange qui se produit entre des flux de matières et d'énergie, autrement dit l'augmentation du chaos du monde. Dans un système fermé comme celui de la Terre, elle ne peut jamais se réduire, et tend toujours vers son maximum.

Bilan écologique

Grâce à l'écobilan, on dispose aujourd'hui d'une méthode complète d'évaluation des matériaux du point de vue environnemental. À l'intérieur des catégories d'impact, on attribue à diverses matières nocives un paramètre, qui se définit à partir de la matière la plus nocive. La consommation d'énergie primaire, le potentiel d'effet de serre et de dégradation de la couche d'ozone forment les paramètres centraux du bilan écologique. › voir tab. 1.

Mis à part le choix des différents matériaux, on peut affirmer que:

_ La réduction de la construction au strict nécessaire comporte des avantages.
_ Il faut privilégier les constructions légères de longue durée.
_ Il est possible de valoriser l'emploi de matériaux stockant le CO_2.
_ Il est facile d'optimiser les éléments constructifs non visibles.
_ Plus on prévoit une durée d'utilisation longue, plus il faut accorder de l'importance à cette phase d'utilisation.
_ Les composants peu durables ont un fort impact sur la dégradation de l'environnement puisque leur remplacement répété engendre une accumulation de travaux et de dépenses.
_ Les nuisances environnementales provoquées par les matériaux sont particulièrement graves dans la construction de logements en raison de l'utilisation fréquente de petites quantités et d'un niveau d'équipement élevé.

Les critères écologiques des matériaux prennent une importance croissante. Loin d'entraver le projet architectural, ils l'enrichissent. Ils permettent de laisser libre cours à la créativité en posant de nouvelles questions et en encourageant la recherche de solutions alternatives. Lorsque les matériaux recyclés sont clairement visibles, › voir ill. 10 ils apparaissent comme la preuve d'une démarche écologique et de l'importance donné au matériau.

Tab. 1:
Catégories d'impact d'un bilan écologique

Paramètres caractéristiques d'un bilan écologique pour la construction	**Abréviation**	**Unités de mesure**
Quantité d'énergie primaire (non renouvelable)	QEP	MJ
Quantité d'énergie primaire (renouvelable)	QEP	MJ
Potentiel d'effet de serre (ou de réchauffement global)	PRG	Kg éq. CO_2
Potentiel d'appauvrissement de l'ozone	PAO	Kg éq. CCL_3F
Potentiel d'acidification	PA	Kg éq. SO_2
Potentiel de surfertilisation	PS	Kg éq. PO_4^3
Potentiel de création d'ozone photochimique (smog estival)	PCOP	Kg éq. C_2H_4

PROPRIÉTÉS TECHNIQUES

Les caractéristiques techniques sont des critères décisifs pour le choix des matériaux. Ce dernier ne peut s'effectuer sans prendre en considération la performance technique d'un matériau, c'est-à-dire sa «valeur intrinsèque», au travers des paramètres physiques, mécaniques et chimiques.

Propriétés physiques

Il est aisé de connaître les paramètres physiques de base de tous les matériaux de construction. On peut déduire d'une masse volumique d'autres propriétés telles que la capacité de stockage ou la conductibilité thermique et d'avoir ainsi une première impression d'ensemble.

Propriétés mécaniques

Les possibilités de mise en œuvre sont limitées avant tout par les propriétés mécaniques du matériau: sa résistance et son comportement lors de la mise en charge, sa déformation plastique et élastique et la dureté de sa surface. Les propriétés mécaniques entretiennent des rapports étroits avec les propriétés thermodynamiques et hygrométriques, c'est-à-dire liées à l'humidité. Prenons le cas de la pierre naturelle, dont la résistance au gel et à l'abrasion constituent deux propriétés fondamentales. Le coefficient d'abrasion indique le degré de résistance au frottement mécanique. Cette propriété va de pair avec une forte masse volumique et avec une grande résistance à la compression, ce qui, à son tour entraîne un faible coefficient d'absorption d'eau. Ce dernier est une caractéristique fondamentale de la résistance au gel, déterminée par la porosité et la capillarité de la pierre. Lorsque ce coefficient est élevé, pour le grès par exemple, il est nécessaire de protéger la pierre des infiltrations d'eau.

Le tableau n° 2 récapitule les principaux paramètres de la physique des matériaux. › voir tab. 2

Propriétés chimiques

Le comportement chimique d'un matériau change lorsqu'il est en contact direct avec des produits chimiques ou qu'il subit les effets du climat. On inclut dans ces changements entre autres la corrosion (surtout pour les métaux), l'érosion due au sel (pour les matériaux à base de minéraux comme la céramique), la résistance aux rayons ultraviolets (pour les plastiques) ou les réactions à d'autres matières (dans le cas de colles, de joints, etc.).

\\Remarque :
L'échelle de dureté de Mohs établit une comparaison entre les matériaux, regroupés selon leur capacité à se rayer les uns les autres. L'échelle va de 1 (le talc) à 10 (le diamant).

\\Remarque :
Le coefficient de résistance à la diffusion de la vapeur d'eau indique dans quelle mesure la vapeur d'eau traverse plus difficilement ce matériau que le même volume d'air.

Tab.2:
Principaux paramètres avec leur unité de mesure

Propriété	**Paramètre**	**Abréviation**	**Unité de mesure**
Propriétés physiques	Masse volumique	ρ	Kg/m^3
	Conductibilité thermique	λ	W/mK
	Capacité thermique massique	C	J/kgK
	Capacité thermique (absorption de la chaleur)	S	kJ/kgK
Propriétés mécaniques	Échelle de dureté de Mohs	Dm	Wh/m^2K
	Résistance à la compression	F_c	N/mm^2
	Résistance à la traction	F_u	N/mm^2
	Module d'élasticité (ou de Young)	E	N/mm^2
Propriétés thermodynamiques	Coefficient de dilatation thermique	α	1/K
Propriétés hygrométriques	Coefficient de résistance à la diffusion de la vapeur d'eau	μ	-
	Coefficient d'absorption d'eau	–	$Kg/m^2h^{0,5}$

Problèmes de choix des matériaux

Les questions préalables aux choix des matériaux résultent de l'effet souhaité et du profil d'exigence:

_ Quel organe sensoriel veut-on stimuler et comment perçoit-on le matériau?
_ Quelles influences naturelles ou liées à l'usage agissent sur le matériau du fait de sa fonction?

Ces questions trouvent une réponse à partir des caractéristiques de chacun des matériaux, que l'on peut réduire, le plus souvent, à quelques spécificités techniques. Mais, à partir des propriétés d'un matériau, on peut aussi trouver un grand nombre de possibilités d'emploi et d'application, parfois étonnantes et innovantes.

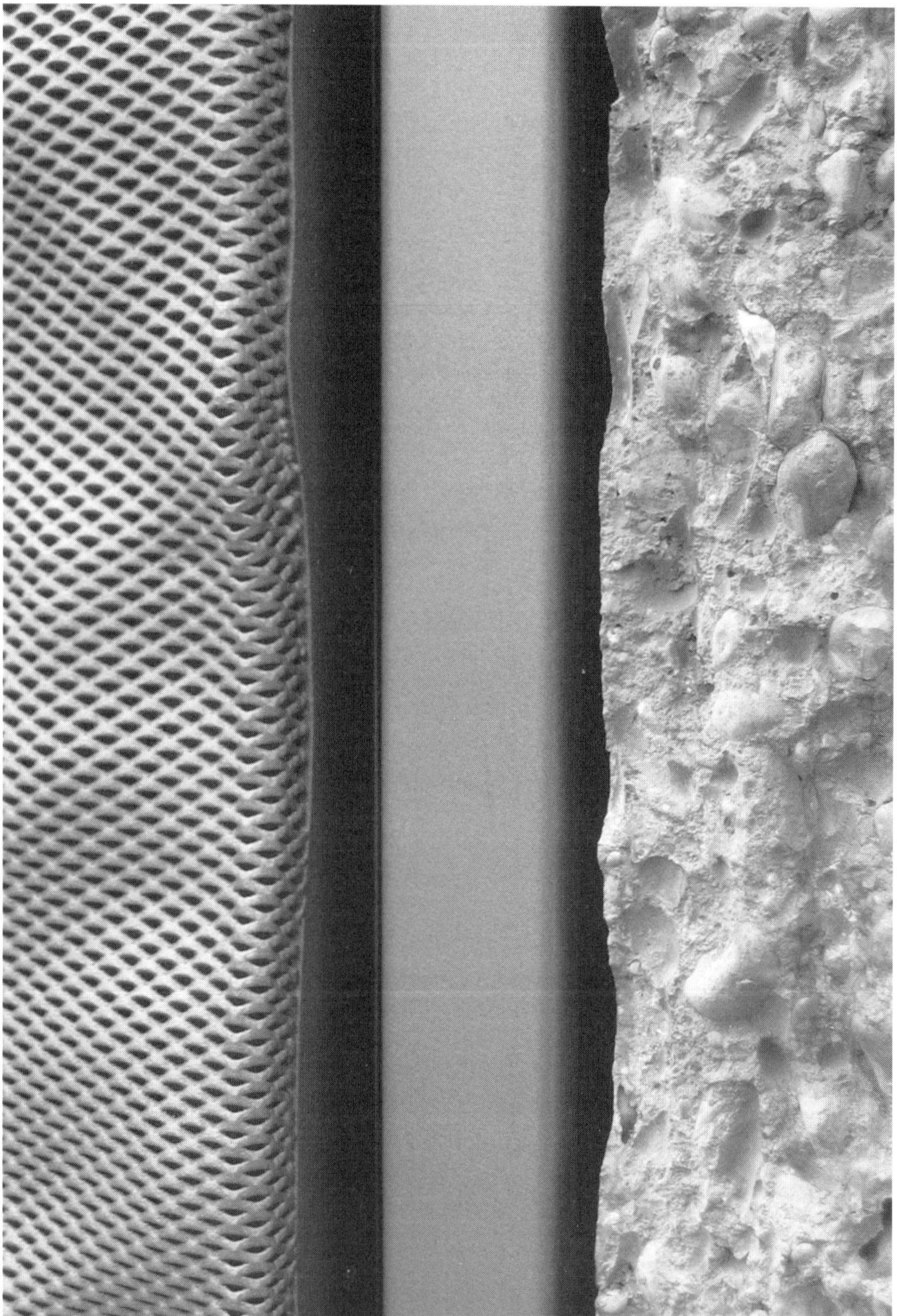

LES DIFFÉRENTS MATÉRIAUX

Cette partie présente de façon concrète les propriétés d'un certain nombre de matériaux. Une fois les paramètres décrits plus hauts établis pour un usage donné, il est possible d'établir des comparaisons. Dans un premier temps, on constitue des groupes de matériaux aux propriétés équivalentes. Cela réduit considérablement le travail de comparaison et concentre le regard sur les résultats escomptés d'un groupe de matériaux ou d'un matériau spécifique.

TYPOLOGIE DES MATÉRIAUX

Devant l'innombrable diversité des matériaux et des paramètres, il est judicieux de les classer en fonction de leur composition, de leur structure moléculaire, des procédés d'extraction ou de production. Ces différentes typologies accélèrent le processus de choix et favorisent la découverte de solutions alternatives.

Typologie par composition

Du point de vue de la composition, on fait la distinction entre les matières organiques et inorganiques › voir tab. 3

Il est courant d'associer les minéraux à des éléments massifs et, à l'inverse, les matières métalliques performantes à des plaques ou des profilés.

Matières hétérogènes

Cette association d'idées ne fonctionne que dans le cas de matières homogènes. Les matériaux composites sont constitués de divers éléments qui remplissent des fonctions précises. Prenons l'exemple d'un plancher en béton : bien qu'il présente l'apparence d'un matériau homogène proche

Tab.3:
Classement des matériaux selon leur composition

	Matières inorganiques, minérales	**Matières métalliques**	**Matières organiques**
Matériaux choisis	Pierre	Métaux	Bois
	Béton		Bitumes
	Verre		Plastiques
	Brique		
Propriétés dépendantes			
- Densité	Moyenne	Haute	Faible
- Résistance	Fragile, grande résistance à la compression, faible à la traction	Ferme, grande résistance à la compression et à la traction	Tenace, en fonction de sa structure interne
- Conductibilité thermique	Moyenne	Forte	Faible
- Résistance	Non combustible	Non combustible	En grande partie combustible

\\Important :
Du fait de leurs propriétés, les matériaux présentent un certain profil. Si on réunit ces dernières dans un même élément et si on les utilise globalement, on parle de logique des matériaux.

de la pierre, il cache en lui des fers pour résister aux efforts de traction. Ces éléments hétérogènes se caractérisent par le jeu complexe des propriétés et des quantités de leurs composants respectifs. Par exemple, le pH du béton limite la corrosion de l'acier, qui lui, s'oppose à la flexion de la dalle et évite la formation de fissures. Ainsi se fait jour dans cette interaction la logique des matériaux, grâce à laquelle chaque composant contribue de façon optimale et avec ses caractéristiques propres au fonctionnement de l'ensemble.

Les ingénieurs tentent aujourd'hui d'optimiser la complémentarité systématique des propriétés. Ainsi, le verre ne désigne plus depuis longtemps un matériau unique mais bien une famille entière de matériaux aux multiples caractéristiques de surface et de feuilletage; chacune d'elles offrent de nombreuses possibilités fonctionnelles et formelles. La plupart des grandes réalisations architecturales innovantes résultent en fait d'une manière nouvelle de mettre en œuvre des matériaux anciens.

Typologie par structure moléculaire

La structure moléculaire des matériaux offre une autre possibilité de classement. › voir tab. 4

Tab.4:
Classement des matériaux par structure moléculaire

	Matières amorphes	**Matières cristallines**	**Matières micellaires (fibreuses)**
Matières sélectionnées	Verre	Métaux	Bois
	Plastique	Terre	
	Bitumes	Brique	
Propriétés dépendantes			
- Orientation	Non orientée	Plutôt non orientée	Orientée
- Conductibilité thermique	Plus faible que les matières cristallines	Plus forte que les matières amorphes	Faible
- Résistance	Plus ferme que les matières cristallines	Plus cassante que les matériaux amorphes	Grande résistance dans le sens des fibres

Ill.14:
Plateforme du zoo d'Helsinki

Ill.15:
Charpente en bois au Mont-Cenis

On tire d'une structure micellaire, c'est-à-dire de matériaux fibreux comme le bois, des éléments constructifs intéressants. Ceux-ci sont utilisés comme éléments porteurs ou, en les cintrant, incorporés à une ossature complexe. › voir ill. 14

Typologie par procédés de fabrication

Le procédé d'extraction et de fabrication constitue un dernier mode de classement des matériaux, bien qu'il faille ici distinguer d'abord les matières naturelles des matières synthétiques, et ensuite, les matériaux amorphes, moulés et non moulés, intermédiaires, ainsi que les produits semi-finis. Un matériau se définit par son mode d'extraction : les matières naturelles sont toujours obtenues par soustraction et les matières synthétiques, en revanche, soit par une addition soit par un moulage. › voir tab. 5

Tab.5:
Classement des matériaux par fabrication et production

	Matières naturelles	**Matières synthétiques**
Mode de production	Extraction	Fabrication de la matière première
Fabrication	Matière première Matière première usinée	Matières amorphes, intermédiaires et moulées
Procédé	Soustraction	Soustraction, addition, moulage

Typologie par dimensions

Pour terminer, on regroupe les matériaux en fonction de leurs dimensions. Les granulats, ne présentant que peu de cohésion, ont besoin d'une enveloppe. Ces matériaux de petit format doivent être assemblés par un liant pour former un élément de construction performant. Ils imposent donc un travail supplémentaire à cause de leurs dimensions initiales. Leur accumulation et leur jointement créent une esthétique particulière. Les matériaux de grand format remplissent, quant à eux, d'emblée leur fonction, comme élément de paroi, par exemple. Sur le plan constructif et fonctionnel, ils doivent correspondre à la trame du bâtiment et des façades.

Grâce au classement typologique des matériaux, on obtient des informations sur leur mise en œuvre, leur maniabilité et leur qualité architecturale. Ainsi, les dimensions prédéfinies des matériaux naturels ou les traces laissées par leur extraction peuvent-elles devenir des critères de choix essentiels. › voir ill. 15

Cependant, plus un matériau est transformé, plus il perd de son apparence première. Les effets de la fabrication mécanique dominent au détriment des irrégularités naturelles. L'application des procédés industriels peut aller si loin en architecture que l'on repousse toujours plus loin les limites techniques des traitements et des finitions. › voir ill. 16

Chaque matériau contribue, de par ses caractéristiques, à l'aspect d'un espace. La diversité des matières et des formes d'usinage ouvre des possibilités presque infinies lorsqu'on veut donner à l'architecture une matérialité et une apparence particulière stimulant les différents sens. Le tableau comparatif et les paragraphes ci-après étudient ces possibilités et ces potentialités de manière exemplaire pour les matériaux de construction les plus importants.

Ill.16:
Emploi innovant d'un matériau

Tab.6:
Tableau récapitulatif des matériaux

Matériau	Propriétés	Emploi
Bois (voir p.33)	Matière naturelle, orientée, facilement façonnable, grande résistance à la traction et à la compression dans le sens des fibres ; dilatation à l'humidité ; poids réduit et faible conductivité calorique ; texture naturelle rugueuse pour les résineux et les chênes ; texture fine pour l'érable, le hêtre et le bouleau	La structure orientée est adaptée à la construction de charpentes et de planchers portants servant d'isolant thermique ; revêtement de façade par juxtaposition ou recouvrement de planches ou de bardeaux ; mobilier et poignées de porte très appréciés
Dérivés du bois (voir p.36)	À base de bois, ils en partagent les propriétés ; présentés en panneaux dont la structure orientée est réorganisée selon de nouveaux impératifs, fabrication bon marché à partir de déchets du bois	Panneaux orientés ou poutres employés en structure porteuse ou comme raidisseurs ; les produits non orientés sont utilisés pour les meubles, les placards, les revêtements et l'isolation
Pierre naturelle (voir p.39)	Matière naturelle inorganique à la structure stratifiée ou homogène selon sa formation ; haute densité, dureté et résistance à la compression ; conductibilité et inertie thermique ainsi que résistance aux intempéries; extraction et production coûteuses qui lui confèrent sa valeur	La résistance à la compression est utilisée dans les ouvrages de maçonneries porteuses ; la pierre conserve la plupart de ses propriétés sous forme de plaque, elle est donc utilisée en parement, revêtement de façade ou de sol
Béton (voir p.42)	En tant que pierre liquide, il possède des propriétés semblables à celle-ci ; ses propriétés varient selon les adjuvants ; lors de sa mise en oeuvre, il perd de son volume et, du fait de sa liquidité, il nécessite un coffrage	Dalle autoporteuse supportant des charges ; supporte des forces en traction lorsqu'il est associé à d'autres matériaux comme l'acier, adapté alors à des éléments constructifs et des structures porteuses de toutes formes
Blocs à liants minéraux (voir p.45)	Propriétés semblables à celles de la pierre naturelle, masse volumique et conductibilité thermique souvent plus faibles ; coefficient de contraction faible lors de la fabrication, ce qui garantit une grande exactitude des mesures	Utilisés en maçonnerie à joints étroits en vue d'un effet monolithique ; emploi possible en paroi simple car faible conductibilité thermique ; en dalle, utilisable comme revêtement de sol
Plaques à liants minéraux/ cloisons sèches (voir p.48)	Possèdent les mêmes propriétés que les blocs à liants minéraux ; matériau composite à structure souvent non homogène appliqué sur armature ou sur carton pour en améliorer la résistance et en diminuer le poids	Revêtement de murs ou de piliers, s'emploie en revêtement de façade avec un liant ciment; matériau fonctionnel pour l'insonorisation et la protection anti-incendie

Material	Propriétés	Emploi
Crépi/chape (voir p.51)	Suivant la nature du liant, grande résistance, étanchéité et dureté de la surface ou bien faible résistance, absorption de l'humidité et de la vapeur d'eau ; propriétés semblables à celle de la pierre artificielle, parfois élastique selon les adjuvants	Couche de protection fonctionnelle pour protéger du gel, de l'humidité et du feu ; par exemple en chape de répartition des charges ; offrant diverses textures, le crépi est employé en revêtement de murs et de plafond
Céramique/brique (voir p.54)	Matériau inorganique doté d'une résistance, dureté et conductibilité thermique élevées ; ces propriétés se réduisent avec l'ajout d'adjuvants et le moulage ; la terre cuite a une forte capillarité, le grès une plus faible ; tolérance dimensionnelle conditionnée par le mode de fabrication	Les briques forment des maçonneries basées sur le système octamétrique (1/8 m) ; emploi en paroi simple en cas de faible conductibilité thermique ; disponibles en dalles pour des revêtements de façades et de sols
Métal (voir p.57)	Matériau brillant et élastique très dense, doté d'une grande résistance à la compression et à la traction ; conductibilité électrique et thermique élevée ; corrosion entraînant chez certains métaux la formation d'une couche de protection durable ; nombreuses possibilités de formage	Matériau performant sous la forme de poutres pour les structures porteuses et le ferraillage du béton ; tôles minces et plaques pour les revêtements, en particulier en extérieur ; éléments moulés, par exemple appuis, poignées, tuyaux, etc.
Verre (voir p.62)	Matériau amorphe, fragile et transparent avec une grande masse volumique, résistance à la compression et dureté ; la résistance à la charge dépend de la tension superficielle ; conductibilité thermique moyenne, qui baisse en alliage et en feuilletage	Façades ou fenêtres transparentes ; les nombreux traitements de surfaces peuvent réduire la transparence et la translucidité ou bien ne la permettre que dans un seul sens (vitre sans tain)
Plastique/ résine (voir p.66)	Matériau organique, dense et souvent translucide doté d'une conductibilité thermique et d'une masse volumique faibles ; élasticité, forte résistance à la traction et faible dilatation thermique ; en ajoutant et mêlant des composants, on obtient presque toutes les propriétés désirées	Matériau d'emploi universel : profilés à fibres orientées très résistants jusqu'aux panneaux de façades ou d'habillage, en passant par les films d'isolation ou les membranes ; matériau fonctionnel par exemple comme revêtement ou comme adhésif
Textiles/ membranes (voir p.69)	Matériau souple avec une faible conductibilité thermique, résiste seulement en traction, structure en deux dimensions ou en trois par feutrage ; imperméable en plusieurs couches	Approprié pour la protection de la pluie, en film tendu ; écran au sol ou sur parois intérieures, séparateur amovible d'espace, protection de sièges ou de poignées ; le feutre s'utilise comme isolant phonique

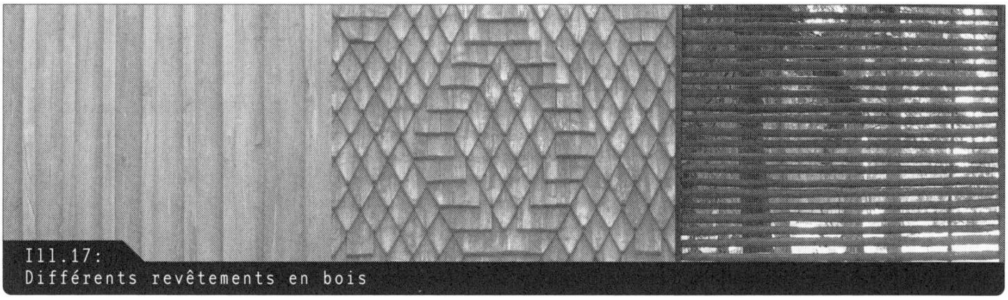

Ill.17:
Différents revêtements en bois

BOIS

Le bois est une matière végétale renouvelable, disponible partout et à bas prix, aux applications très variées. Aisé à transformer, il possède une odeur particulière selon son essence. Ses surfaces présentent des textures et des teintes naturelles qui s'assombrissent ou s'éclaircissent. Au toucher, le bois absorbe peu de la chaleur du corps. Il est donc perçu comme une matière agréable, sensuelle et chaude.

Structure et propriétés

Le bois possède une structure fibreuse, un poids faible et une bonne rigidité. Les fibres étant orientées dans le sens de la croissance du tronc, le bois est plus résistant à la traction, à la compression et à la flexion dans ce sens que dans l'autre. C'est pourquoi il est préférable de le solliciter en charge et en contreventement de la même façon que l'arbre d'origine. › voir ill. 18 En même temps, il possède une forte inertie calorique et une faible conductibilité thermique. Il stocke efficacement le CO_2 et s'intègre parfaitement au cycle de vie des matériaux.

Dilatation, rétractation

La dilatation thermique est encore accrue en cas d'humidité ou réduite à cause d'une rétraction des fibres en cas d'air sec. Le bois emmagasine en effet l'eau dans ces cellules et la rejette lorsque le taux d'humidité diminue. Il convient donc de prendre en compte ce comportement dans la conception et la mise en œuvre d'une construction en bois. Des fentes de retrait, n'ayant qu'un faible impact sur sa capacité statique, apparaissent parfois au séchage. › voir ill. 18

\\Remarque:
Le bois possède une composition organique assez proche de celle des plastiques (voir p.66), sa structure fibreuse est utilisée pour la fabrication de panneaux en dérivés du bois (voir p.36). Il peut être employé en construction comme le métal (voir p.57).

\\Important:
Certaines essences résistent bien aux parasites car elles contiennent de la résine ainsi que d'autres substances naturelles protectrices. Leur bois est adapté à une utilisation en extérieur, tel le chêne ou le mélèze.

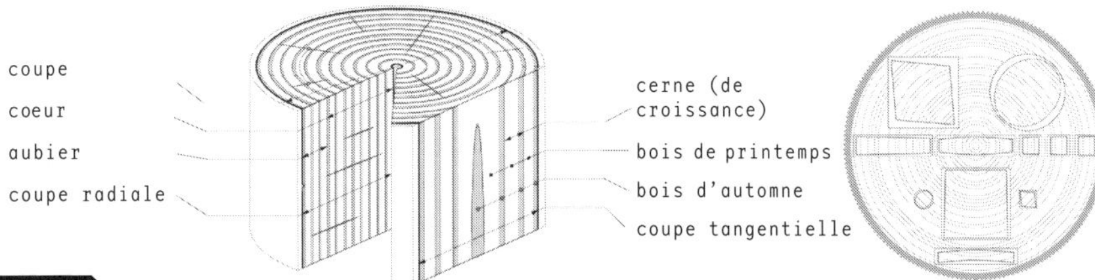

Ill.18:
Structure d'un tronc d'arbre, débitage d'une grume

Essences

Les propriétés du bois varient beaucoup d'une essence à l'autre, mais elles dépendent toutes des facteurs de croissance. La nodosité et les cernes de croissance nous renseignent à ce sujet. Les arbres se partagent en deux grandes familles : les résineux et les feuillus. Les bois résineux, le groupe le plus ancien dans l'évolution des espèces, présentent une structure cellulaire plus simple et des propriétés similaires (par exemple la masse volumique). Ces essences (épicéa, pin, sapin) poussent plus vite, affichent des cernes plus marqués et n'offrent qu'une résistance plus faible à la traction et à la compression. On observe une plus grande spécialisation de la structure cellulaire des bois feuillus. Les essences d'Europe centrale (chêne, bouleau, érable) font preuve d'une masse volumique et d'une résistance plus élevées que celles des résineux. Leur bois de cœur composé de cellules mortes contenant du tannin est souvent d'une autre couleur que l'aubier. La diversité de leurs textures et de leurs teintes, associée à de multiples propriétés, offre des possibilités d'utilisation des plus variées.

Protection du bois

Le bois correctement mis en œuvre a une très grande longévité. En extérieur, il est menacé par les intempéries, les parasites et la putréfaction. Les substances tanniques contenues dans le bois de cœur ou la résine, chez les résineux, lui servent de protection naturelle. Il existe des solutions pour préserver le bois de l'eau de pluie et contribuer ainsi à sa durabilité. Les avancées de toit par exemple protègent les tranches très absorbantes, réduisent l'impact oblique de la pluie sur la façade et dévient par des gouttières le ruissellement de l'eau. Le bois peut par ailleurs recevoir des traitements chimiques : application en surface de produits antiparasites, imprégnation des fibres du bois sous pression ou cuisson à haute température.

Construction en bois massif

L'industrie du bois gère l'hétérogénéité des essences en les classant par catégorie. La technique du lamellé-collé a permis d'éliminer les défauts de croissance du matériau brut.

La longue tradition de la construction en bois a donné naissance à un grand nombre de techniques et de produits. Si l'on désire une structure porteuse, on trouve en général des pièces de bois aux dimensions adéquates (charpentes artisanales ou à fermettes industrielles). Les techniques de construction en éléments préfabriqués ou en bois massif (murs en rondins) utilisent aussi les bonnes propriétés isolantes et absorbantes du bois. › voir ill. 19

Planches et bardeaux

L'assemblage des planches ou des bardeaux utilisés en couverture ou en façade se fait à l'aide de systèmes d'écailles, de recouvrement ou de rainures et languettes (bouvetage). Les bardeaux, posés en plusieurs couches, résistent bien au temps. › voir ill. 17 à gauche, centre Planches ou bardeaux peuvent être bruts, rabotés ou poncés. À l'aide d'une fraiseuse, on donne aux surfaces une structure, en vue d'obtenir par exemple des sols antidérapants. Divers motifs de parquets naissent d'un positionnement des lames dans différentes directions. Les reflets de lumière révèlent les teintes changeantes du bois et contribuent à donner un caractère vivant à l'espace. › voir ill. 17 à droite

Placages

Le bois massif n'est pas le seul à exercer un attrait particulier. Les fines couches de placage recouvrant des panneaux de particules bon marché provoquent le même effet. C'est un bon moyen pour employer de façon économique et variée des essences rares ou précieuses. Selon l'angle de coupe (longitudinale, oblique ou perpendiculaire), on obtient des textures différentes. › voir ill. 19 Les feuilles de placage, tranchées, déroulées ou sciées, soulignent les nœuds et le veinage du bois et sont donc très appréciées. Le déroulage permet aussi bien de produire en continu des placages que des dérivés performants. On ne garde en revêtement apparent que les essences à la texture discrète (bouleau, frêne, érable), car les autres présentent un veinage d'aspect peu naturel.

Ill.19: Empilement de poutres en bois

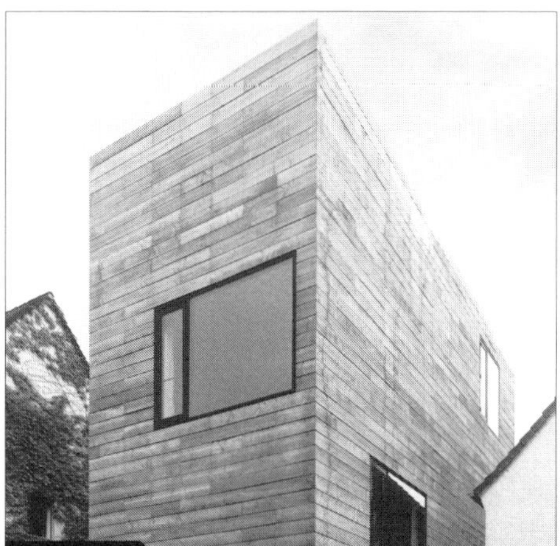

Ill.20: Mur-rideau en bois

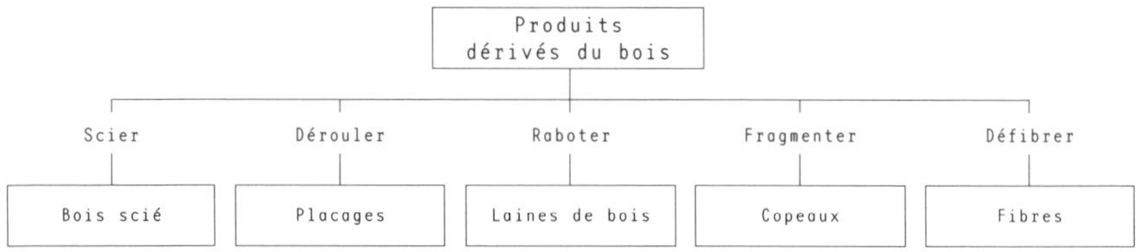

Ill.21:
Répartition des dérivés du bois par technique de production

DÉRIVÉS DU BOIS

Les produits dérivés du bois sont fabriqués à partir de bois ou de déchets broyés, puis agglomérés avec ou sans liant pour constituer un nouveau produit. › voir ill. 21

La structure fibreuse du bois étant réorganisée, on obtient des produits plans de forme stable et dotés de caractéristiques précises, fabriqués industriellement et faciles à transformer. Ils tendent à imiter l'apparence du bois ou alors à s'en démarquer.

Fabrication et propriétés

On divise les dérivés de bois selon leurs composants de base en feuilles de placage, en panneaux de particules et en panneaux de fibres. › voir ill. 22

Les aspects naturels du bois sont relégués au second plan, même s'ils demeurent plus ou moins apparents. La solidité de ces produits provient de leur fabrication sous pression, de la résistance des composants de base et de la dureté du liant. L'orientation des plaques, des fibres ou des particules détermine les futures possibilités d'utilisation. Plus la matière obtenue est orientée, plus elle est adaptée à des éléments soumis à des charges. La masse volumique (jusqu'à 1200 kg/m^3 ou 1,2) augmente parallèlement à la résistance mécanique. Plus les particules sont petites, moins la structure est orientée : un panneau de contreplaqué est orienté dans

\\Remarque:
Les dérivés du bois possèdent une composition organique et une structure fibreuse. Ils ressemblent dans leur fabrication et leur usage aux panneaux à liants minéraux (voir p.48).

\\Remarque:
Lors de la fabrication de ces produits, les liants sont responsables de certaines émanations contenant des substances nocives pour la santé (voir chap. Exigences et besoins, Nuisances environnementales).

Ill.22:
Surface et tranche de panneaux de contreplaqué, de particules et de fibres

deux directions du fait du positionnement alterné des fibres à 90°, tandis qu'un panneau de fibres est mono-orienté. Comme pour la résistance, on contrôle les propriétés isolantes de ces produits : la masse volumique d'un panneau isolant en fibres peut descendre jusqu'à 50 kg/m³ tout en assurant une bonne isolation thermique.

Surfaces

Par rapport au bois, les dérivés se différencient à la fois par leur surface et leur structure. Si l'on se sert en placage de feuilles de qualité supérieure, à l'apparence régulière et solide, on utilisera des particules plus fines et plus fortement compressées afin d'obtenir une surface lisse. La différence entre la surface et l'âme est visible sur la tranche des panneaux.

Laminage

Les dérivés du bois servaient au début de support bon marché pour des placages précieux ou pour d'autres types de revêtements plastique (Formica). La limite entre les placages de bois naturel et les imitations bois s'estompe aujourd'hui (par ex. le parquet stratifié imitation bois). Dans tous les cas, compte tenu des variations hygroscopiques et du « travail » du bois, on n'habille jamais une seule face mais toujours les deux : une tension d'un côté impliquerait une contre-tension sur la face opposée, ce qui aboutirait à une détérioration du panneau ou de sa surface.

Possibilités d'emploi

Ces produits sont utilisés aussi bien en intérieur qu'en extérieur, dans les domaines du génie civil, des revêtements, de l'architecture intérieure et du design d'objets. En façade, ils devront être protégés des intempéries et des infiltrations pour conserver leur durabilité.

Usage

Leur grande résistance leur permet d'être employés au sein de structures porteuses. Leur résistance mécanique, alliée à leur malléabilité et leur façonnabilité, offre de multiples possibilités de création.

Habillage

Utilisés en parement, la taille réduite de ces panneaux oblige à les assembler. Souvent assemblés par joints classiques, ils sont parfois bouvetés (rainure-languette) ou posés en recouvrement. Il faut donc prêter attention au phénomène de dilatation et de rétractation du bois. Les fameux craquements à l'intérieur d'un bâtiment sont causés par une mauvaise confection des joints : les tensions produites par la dilatation due aux écarts thermiques se libèrent.

La disposition des différents types de fixation (vis, clous, agrafes) est étudiée en détail. Leur matière et leur mise en valeur jouent un rôle prépondérant pour l'effet architectural. On peut choisir de les cacher, de les enfoncer ou de les souligner, notamment par des éléments intercalaires répartissant la pression (rondelle, par exemple).

Éléments encastrés

Les performances constructives et les qualités de surface de ces panneaux sont particulièrement appréciées pour les aménagements intérieurs et les éléments de mobilier encastrés ou intégrés. Les techniques actuelles tirent profit de la façonnabilité de ces matériaux pour réaliser des éléments destinés à un usage précis. Dans ce but, les panneaux sont mis en flexion sur deux ou trois axes par des presses à chaud spéciales. Ces produits sont donc intéressants pour leur résistance et leur flexibilité. › voir ill. 23

Recyclage

Les dérivés du bois participent de l'aspect écologique de ce matériau et stockent comme lui du CO_2. Néanmoins, les techniques de finition industrielle réduisent cet effet positif de 25 à 65 %, et leur recyclage est freiné par la présence de composants et de liants. En général, on se contente de les brûler pour produire de l'énergie.

Ill.23:
Banc en contreplaqué

Ill.24:
Différents produits dérivés du bois

Ill.25:
Roches magmatiques (granite), sédimentaires (grès) et métamorphiques (ardoise)

PIERRE NATURELLE

On associe souvent à la pierre les notions de stabilité, de puissance et de tradition. Ce matériau possède masse volumique, résistance mécanique, dureté de surface et conductibilité thermique élevées. La plupart des pierres résistent aux intempéries et au gel, aux substances chimiques agressives et au temps. Malgré ces propriétés et justement à cause d'elles, la pierre a largement perdu sa fonction statique au sein de l'architecture moderne et n'est plus utilisée qu'en revêtement de sol ou de façade.
› voir ill. 27

Ressource

La pierre se trouve en abondance dans des carrières exploitant des gisements typiques à une région. À l'époque de la mondialisation, ces traditions locales s'effacent aujourd'hui devant d'autres critères de choix, fonctionnels, esthétiques ou économiques.

Classement pétrographique

La diversité des gisements et des dénominations est impressionnante. Les dénominations pétrographiques (science de la pierre) et les marques commerciales diffèrent parfois, mais seules les premières aident l'architecte à faire son choix. Il est plus facile de comparer des pierres aux propriétés similaires. Certaines marques prêtent parfois à confusion : le « granit belge » est en fait du calcaire.

On classe les pierres en trois grandes catégories en fonction de leur roche-mère : les roches magmatiques ou ignées, les roches sédimentaires et les roches métamorphiques. Les premières sont issues d'un refroidissement direct du magma en fusion. Elles sont particulièrement résistantes,

\\Remarque:
Les pierres naturelles sont une matière inorganique. Leur structure varie et leur mise en oeuvre est proche de celle de la brique (voir p.54) et des blocs à liants minéraux (voir p.45).

\\Remarque:
La préservation des gisements de pierre dépend des facteurs suivants : impact sur le paysage, mode d'extraction, quantité de déchets et distance de transport (voir chap. Exigences et besoins, Nuisances environnementales).

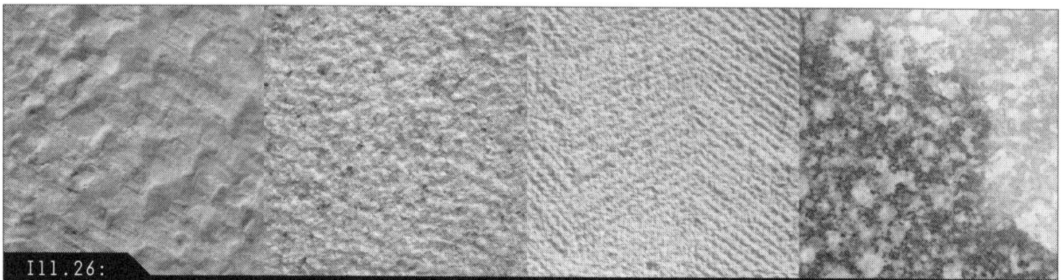

Ill.26:
Techniques de taille : piquage, bouchardage, layage, polissage

dures et très homogènes. Les roches sédimentaires proviennent de dépôts de sédiments. Elles contiennent de ce fait un grand nombre de cavités, de strates horizontales, de fossiles d'origine végétale ou animale. Elles sont moins dures que les pierres magmatiques et donc plus faciles à travailler. Les roches métamorphiques résultent de la transformation d'une roche préexistante sous l'effet de la pression, de hautes températures ou de processus chimiques. Leur structure est souvent dépourvue de cavités et leur texture homogène. › voir ill. 25

Granite

Le granite (pierre magmatique) passe pour être la pierre de construction la plus solide utilisée dans le bâtiment. Son emploi est presque illimité. Il est dur, résistant au gel et à toutes les intempéries. On le trouve dans un large éventail de couleurs. Ses possibilités de mise en œuvre sont nombreuses.

Grès

Le grès (pierre sédimentaire) a une résistance plus faible que le granite et se prête moins au polissage. Son fort taux d'absorption d'eau induit une résistance limitée au gel et aux intempéries, ainsi qu'à la pollution de l'air. En revanche, il se travaille sans difficulté. Le grès présente souvent une texture rubanée à gros grains et existe en différentes teintes.

Calcaire

Le calcaire (pierre sédimentaire) constitue la plus grande famille de pierres de construction. De par sa fragilité, il est sensible aux agressions chimiques. Sa surface aux teintes pastel contient souvent des fossiles et peut être polie dans certains cas. En plaque de faible épaisseur, le calcaire, comme le marbre, laisse passer la lumière.

Schiste/ardoise

Le schiste argileux (pierre métamorphique) possède une structure très dense, un faible taux d'absorption d'humidité et de bonnes propriétés de clivage. Il s'emploie en général sous forme de plaques d'ardoises gris foncé ou noires. Cette pierre peu résistante à l'abrasion est pourtant souvent utilisée en revêtement de sol. Son usure naturelle se caractérise par un enlèvement en couches homogènes.

Texture

Les pierres existent en un grand choix de teintes et de textures. Celles-ci changent de coloration ou s'altèrent sous l'effet du climat. L'agencement de plaques de différentes textures fournit en général une impression d'ensemble homogène et le fort contraste des couleurs crée une surface vivante. L'image très répandue d'une pierre résistante au vieillissement est parfois contredite par la désagrégation ou l'altération de ses surfaces. › voir ill. 27

Traitement des surfaces

La surface souhaitée dépend en fait du travail manuel ou mécanique de la pierre. La pierre brute, à peine dressée, présente une esthétique archaïque. Les arêtes vives, les traces de clivage, de découpe ou d'explosion témoignent de son origine et de son extraction. Les techniques de taille plus fines comme le piquage (martèlement au pic), le layage (avec une laye ou un ciseau grain d'orge), le bouchardage (avec une boucharde), le ponçage ou le polissage prêtent à la pierre un caractère spécifique. Le polissage fait ressortir la texture de la pierre ; les salissures et le vieillissement semblent passer sur elle sans laisser de trace. › voir ill. 26

Jointoiement

Le jointoiement des pierres dépend étroitement des formats choisis. Ceux-ci s'étendent de la pierre ronde, trouvée dans les champs, de l'appareil cyclopéen et des moellons quadrangulaires de diverses tailles jusqu'aux blocs taillés avec précision en vue d'un appareillage soigné ou encore aux plaques de façade polies et chanfreinées. En accentuant ou en estompant les joints, on donne à la surface un caractère différent : plus la couleur du joint est proche de celle de la pierre, plus la perception d'une structure animée évolue vers une surface monolithique. Plus le joint est sombre, plus la pierre paraît lumineuse. › voir ill. 25

Ill.27:
Vieillissement d'une façade en pierre

Ill.28:
Maçonnerie en pierre

Ill.29:
Béton avec traces du bois de coffrage, béton lavé, béton fibré

BÉTON

Le béton est le matériau phare de l'architecture du XXe siècle dont il a fortement marqué l'évolution. C'est un matériau ambivalent : mise en œuvre à l'état liquide, cette pierre artificielle est appréciée pour sa résistance. Sa surface extérieure reflète moins sa propre structure que celle de son coffrage. Certains apprécient le béton pour son esthétique puriste, d'autres le qualifient de brutal et d'inhumain.

Fabrication

Le mélange de ciment, d'agrégats et d'eau donne au béton ses propriétés. Le ciment joue le rôle de liant, l'eau assure la prise, c'est-à-dire le durcissement du ciment ; et, en réduisant la quantité de ciment, les agrégats apportent la densité, la résistance, la conductibilité et l'inertie thermiques. Le béton courant possède une masse volumique, une dureté de surface et une résistance élevées. L'agrégat le plus utilisé est le gravier. Le mélange onctueux de grains fins et grossiers adhérant au ciment évite la formation de trous d'air. La fluidité est assurée par les grains les plus fins.

Agrégats

La composition des agrégats définit les propriétés finales de la matière. Ainsi, le béton courant a une capacité de stockage de la chaleur et une conductibilité thermique élevées. Cette dernière diminue lorsqu'on remplace le gravier par de l'argile expansée (billes de terre très poreuses) ou par des particules de bois. Si l'on souhaite une conductibilité encore plus faible, on introduit dans le béton de l'air occlus en guise d'isolation.

\\ Remarque:
Le béton est une matière inorganique non homogène. Comme pierre liquide, il peut prendre n'importe quelle forme, à l'image de la céramique (voir p.54), et se travailler comme la pierre (voir p.39).

\\ Remarque:
La valeur eau/ciment (e/c) désigne le rapport entre la quantité d'eau et le poids de ciment. On obtient des bétons imperméables avec des valeurs e/c inférieures à 0,6. Il est alors employé comme élément porteur et comme protection contre l'humidité.

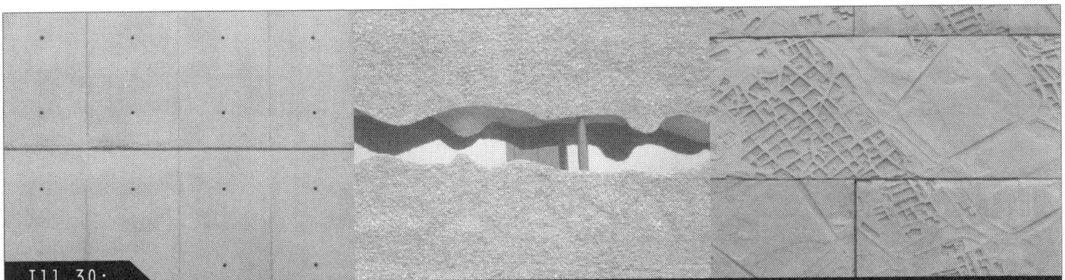

Ill.30:
Plaques de coffrage avec tiges d'ancrage apparentes, béton moulé, plaques texturées et préfabriquées

On utilise à cet effet un agent aérateur qui fait monter l'air dans la pâte de béton comme dans celle d'un gâteau. Le résultat obtenu est appelé béton allégé ou béton cellulaire. D'autres additifs, chimiques ou pigmentaires, retardent la prise du béton frais ou le colore.

Mise en oeuvre

Lors de la «prise» (c'est-à-dire le durcissement de la pâte), le béton perd de son volume et se rétracte. Pour éviter les fissures, on procède par phases de bétonnage reliées par des joints ou de faux joints juste indiqués en surface, comme «section de rupture éventuelle». Le béton liquide ne possède aucune portance propre, il doit être soutenu par un ouvrage auxiliaire, le coffrage. Celui-ci est construit aux dimensions souhaitées. Afin d'éviter la déformation des surfaces verticales du coffrage, on tend des tiges d'ancrage traversantes qui maintiennent une pression constante sur les deux faces. Après décoffrage, leurs trous demeurent parfois apparents. La surface intérieure des banches, les lignes de joints de coffrage et les trous laissés par les tiges confèrent au béton brut sa texture. **› voir ill. 30**

Coffrage

Le béton apparent est le reflet de la peau coffrante. Banches polies, brutes ou sablées, **› voir ill. 29 à gauche** enduites ou non, en bois, en métal ou en résine, offrent différentes possibilités formelles. On peut par ailleurs jouer sur la texture interne du béton en recouvrant les surfaces du coffrage de produits retardateurs. Si on asperge d'eau la surface aussitôt après avoir enlevé les banches, on met au jour le gravier et on obtient du béton lavé. **› voir ill. 29 au centre** Un ponçage ou un rabotage ultérieurs permettent aussi de révéler la composition interne du béton. **› voir ill. 29 à droite** Il existe enfin des bétons sans surface apparente, puisque coulés dans des coffrages perdus qui restent en place.

Béton armé

Un simple mortier ne supporte que peu de charge. C'est pourquoi, en construction, on utilise du béton armé. Les fers à béton sont placés à l'endroit où les charges s'exercent. Ils doivent être enrobés d'une couche minimum de béton qui, grâce à son pH alcalin, les protège de la corrosion. Le succès de cette association est dû au fait que les deux matériaux possèdent le même coefficient de dilation. On peut très bien utiliser à la place de l'acier une armature de fibres textiles, plastiques ou en carbone, qui réduit l'enrobage nécessaire et permet la fabrication d'éléments extrêmement minces. Tout comme le lin et le chanvre, le Miscanthus (l'herbe à éléphant) est parfois employé comme armature. Cette plante à croissance rapide emmagasine dans ses cellules de nombreux minéraux qui renforcent l'adhérence au ciment. Ce type d'armature transforme une matière initiale non orientée en un matériau composite orienté. La résistance de ces nouveaux bétons est définie par la forme et la charge statique de l'ouvrage. Les formes, bien étudiées, épousent les lignes de force de la structure porteuse ; elles offrent des possibilités nouvelles et réduisent nettement la quantité de matériau nécessaire. › voir ill. 31

Recyclage

Le béton est synonyme de durabilité. La précision de sa mise en œuvre influe sur sa durée de vie réelle. La liaison étroite entre l'acier et le béton fait de lui un matériau composite. La plupart de l'énergie consommée concerne le processus chimique de prise du ciment, c'est pourquoi la réutilisation du béton armé est difficile. Le recyclage complet et judicieux d'éléments en béton échoue souvent en raison du caractère monolithique du matériau.

Ill.31:
Coupole nervurée

Ill.32:
Architecture de béton brut

Ill.33:
Différentes épaisseurs de joints entre les blocs à liants minéraux (petit format 2DF, 5DF, et grand format)

BLOCS À LIANTS MINÉRAUX

On restreint souvent les techniques de construction traditionnelle, à la maçonnerie de pierre et de brique. Depuis peu sont venus s'ajouter à ces dernières, des blocs à liants minéraux : parpaings, blocs en béton cellulaire, briques silico-calcaires ou pierres reconstituées. Des alvéoles peuvent réduire leur densité apparente, des empreintes marquer leur surface. › voir ill. 35 Leur fabrication et leur mise en œuvre faciles, alliées à une masse volumique très faible et à une bonne résistance mécanique, ont permis à ces blocs d'être couramment employés en construction.

Fabrication et propriétés

Ces blocs sont fabriqués sous pression à une température moyenne de 160 à 220 °C, au moyen d'un autoclave (récipient à fermeture hermétique). Grâce à ce procédé de fabrication, la matière se rétracte peu et forme des produits de qualité et de dimensions constantes. L'humidité n'a aucun effet sur ces matériaux qui l'absorbent en surface et la restituent progressivement. Ils permettent donc de réguler l'atmosphère d'une pièce, mais ne sont pas tous adaptés à un usage extérieur. En fonction des liants utilisés, les propriétés hygrométriques augmentent (avec le plâtre ou le calcaire) ou diminuent (avec le ciment). C'est pourquoi on imprègne avant utilisation les briques de parement en silico-calcaire. Des phénomènes de capillarité subsistent toutefois. On doit prévoir et réaliser avec soin l'étanchéité générale de l'ouvrage et en particulier une coupure de capillarité à la base des murs.

\\ Remarque:
Comme le béton (voir p. 42), les blocs à liants minéraux font partie des matériaux minéraux inorganiques. Leur jointoiement est semblable à celui de la céramique et de la brique (voir p.54) ou de la pierre naturelle (voir p.39).

\\ Remarque:
Leurs qualités hygrométriques permettent de les utiliser en extérieur, par exemple en revêtement de sol ; particulièrement poreux, ils laissent la terre absorber l'eau de pluie.

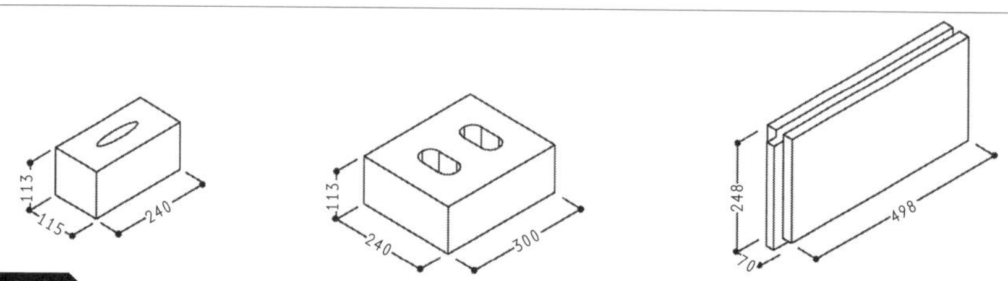

Ill.34:
Dimensions des blocs de petit format (2DF, 5DF)

Agrégats/
Adjuvants

Les propriétés de ces éléments, en particulier en béton, varient selon le choix des agrégats. Suivant leur composition, on obtient du béton léger (pierre ponce ou argile expansée), du ciment laitier (ciment de haut fourneau) ou du béton cellulaire (lié au CO_2). On réduit ainsi le poids et la conductibilité thermique de ces blocs. La dureté superficielle baisse toutefois avec le poids, ce qui freine leur utilisation en surface visible (maçonnerie apparente). Les parois de brique silico-calcaire ou de béton présentent rarement leur surface nue : elles sont recouvertes d'un enduit.

Formats des
pierres

La réduction du poids de ces blocs a permis l'augmentation des formats normalement vendus dans le commerce. Si la main de l'ouvrier a longtemps servi de référence pour la brique traditionnelle, c'est aujourd'hui sa capacité de levage ou celle d'un engin qui dicte les formats, dans le but de faciliter les travaux de maçonnerie. Les formats actuels s'inspirent pourtant de ceux employés pour la brique ; cela dit, les formats plus grands ont leur propre système modulaire défini par les propriétés du matériau (forte résistance à la pression et faible résistance à la flexion) ou bien par les dimensions standard des constructions. › voir ill. 34

Jointoiement

L'augmentation des formats est aussi dû à la stabilité et à la régularité dimensionnelles de ces produits industriels. Grâce à la précision de leur fabrication, le nombre et l'épaisseur des joints peuvent être considérablement réduits. › voir ill. 36 Pour les maçonneries intérieures, cette

\\ Remarque:
L'ouvrage de la série «Basics» de Nils Kummer *Construire en maçonnerie*, paru chez Birkhäuser en 2007, apporte des informations supplémentaires sur les formats de briques et sur les constructions en maçonnerie.

réduction est si poussée qu'on peut se contenter de joints horizontaux, les verticaux étant remplacés par un assemblage bouveté, sans mortier. › voir ill. 33 à droite

Si les jointoiements classiques sont posés en retrait par rapport à la brique, de sorte que l'arête les protège de la pluie et autres intempéries, les joints des blocs à liants minéraux, en particulier des briques silico-calcaires, ont pour fonction de protéger la tranche fragile de ceux-ci. Les joints en creux sont donc exclus, ce qui explique l'effet toujours plus lisse de ces types de maçonnerie. Leur épaisseur n'est visible que dans les angles. Si le caractère massif de chaque bloc s'efface, un bâtiment aux volumes simples paraîtra de loin d'autant plus monolithique. › voir ill. 36

Cette planéité s'accentue encore dans le cas d'un revêtement de sol intérieur. En raison de la faible dilatation thermique, les joints peuvent être très fins. Les blocs aux surfaces poncées, telles les plaques de Terrazzo, présentent en surface la structure interne du matériau. En principe, toutes les techniques de traitement de la pierre ou du béton s'appliquent à ces « pierres artificielles ».

Recyclage

Ces blocs se prêtent bien au recyclage indépendamment de la matière utilisée. Après usage, on sépare le bloc de son mortier et on le réutilise aussitôt après. Il est donc important que la résistance du mortier soit plus faible que celle du bloc, sinon il se brisera le premier. Les blocs les plus légers et donc les moins résistants finissent en matériau de remblai. Une mise en œuvre à sec facilite grandement le recyclage de ces produits.

Ill.35:
Blocs de béton moulé

Ill.36:
Blocs de béton

Ill.37:
Tranche et surface de plaques de plâtre, de fibrociment et de ciment minéral

PANNEAUX À LIANTS MINÉRAUX

Les panneaux à liants minéraux sont utilisés couramment pour le revêtement et l'isolation des parois intérieures. Ils sont devenus un moyen universel de construction de cloisons et de plafonds légers grâce à leur adaptation rapide par sciage, découpage, perçage et fraisage. Outre les plaques de plâtre très utilisées, il existe des panneaux de fibrociment, de laine de bois, de particules, de plâtre fibré ou encore de perlite.

Fabrication selon le liant

Ces produits sont fabriqués à partir de deux liants principaux: le plâtre et le ciment. Le premier, à prise rapide, se prête bien à la fabrication en continu. Le plâtre liquide est coulé entre deux feuilles de carton que l'on presse pour leur donner forme. Au départ, la plaque de plâtre n'a pas de longueur prédéfinie, elle est découpée en fonction des besoins. Les micropores contenus dans la masse de plâtre permettent d'absorber et de réguler le taux d'humidité de l'air ambiant.

En comparaison, la prise du ciment est plus longue. On ne peut pas le fabriquer en coulée continue, mais on le compresse. Les plaques de ciment possèdent ainsi une résistance mécanique plus élevée que celle des panneaux de plâtre. Leur solidité en fait un matériau porteur et raidisseur.

\\Remarque:
Ces panneaux à liants minéraux ont une composition minérale inorganique et une structure non homogène. Ils s'emploient de la même manière que le bois (voir p.36).

\\Remarque:
Les spécifications des cloisons légères en plâtre sont régies par la norme NF P 72-202-1 Exécution des cloisons en carreaux de plâtre et par le DTU 25.41 : Ouvrages en plaques de parement en plâtre.

Ill.38:
Assemblage de plaques de plâtre

Propriétés

› 📎

Les panneaux de faible épaisseur ont besoin pour remplir des fonctions structurelles d'une armature capable de supporter les efforts en traction ainsi que les poussées transversales. C'est pourquoi on n'utilise que des agrégats fibreux. En l'absence d'adjuvant, par exemple pour les plaques de perlite, cette propriété est assurée par un treillis (par exemple en fibre de verre). Ces armatures sont posées en surface afin qu'elles développent une statique propre. La fabrication des plaques de plâtre va encore plus loin. On peut les munir sur leurs deux faces de couches de carton qui leur confèrent une grande résistance et une faible conductibilité thermique, sans augmenter le poids total. En cas de dégradation du carton, le panneau perd beaucoup de ses performances. Grâce aux fibres orientées dans le carton, la plaque de plâtre dispose de capacités de résistance plus grandes dans un axe, c'est pourquoi elle est commercialisée le plus souvent en format rectangulaire. Les plaques de plâtre sans carton sont sensibles à l'humidité et à l'eau. › voir ill. 37

Forme des raccords

Les plaques de plâtre ont été développées pour servir de support à une autre couche de revêtement (papier peint ou crépi). Leur surface doit donc être lisse, sans joint apparent, ceux-ci pouvant supporter une certaine dilatation. Aujourd'hui, certaines plaques sont livrées avec différentes feuillures qui, après montage, seront renforcées, ou non, et ensuite mastiquées › voir ill. 38

📎

\\Remarque:
La perlite est une roche naturelle, proche du verre, qui retient l'eau. Lorsqu'elle est chauffée, l'eau qu'elle renferme s'évapore et le volume du matériau grossit jusqu'à 20 fois sa taille initiale.

Architecture de volume

Les panneaux de plâtre incarnent l'idée d'un matériau de construction dépourvu de matérialité propre. La surface, le plan et la texture du matériau coïncident étroitement. L'architecture de volumes blancs, que l'on retrouve dans les édifices construits par Richard Meier, n'existerait pas sans ces panneaux. › voir ill. 39

Emploi en façade

Les panneaux de particules à liants minéraux présentent un tout autre aspect que les précédents. Les plaques de fibrociment, par exemple, s'emploient en façade, non seulement dans leur teinte grise, mais aussi dans d'autres coloris obtenus par pigmentation. Elles existent aussi sous forme de plaques ondulées, très performantes du point de la charge statique et de la portée maximale. Ces plaques sont alors assemblées par recouvrement pour permettre le ruissellement de l'eau.

Insonorisation

La nature de leur surface permet à ces panneaux de satisfaire aux exigences d'isolation acoustique, à l'instar des panneaux en laine de bois. Leur surface rêche, brute, aux pores ouverts diffuse et absorbe les sons. Ces plaques rustiques et peu chères possèdent une esthétique mettant en valeur le type de montage et de fixation. On peut les associer à des liants minéraux et donc les utiliser comme revêtement brut apparent dans des garages souterrains ou des locaux techniques. › voir ill. 40

Recyclage

En règle générale, les panneaux à liants minéraux ne sont pas employés comme éléments structurels. S'ils servent de remplissage pour les murs à ossature bois, ils sont faciles à changer et on les récupère sans grande perte de matière. Toutefois, la quantité de panneaux recyclés est encore très faible, car ils restent très bon marché et produisent peu ou pas du tout de déchets toxiques.

Ill.39: Architecture de volumes blancs

Ill.40: Panneaux de laine de bois en plafonnage

Ill.41:
Chapes en Terrazzo, en brique, en panneaux OSB

CRÉPIS ET CHAPES

Les crépis et les chapes forment de grandes surfaces sans joints. D'un côté, ils protègent les matériaux de support de l'humidité, du gel ou du feu. De l'autre, ils répartissent les charges.

Chape

Les chapes sont coulées sur place et durcissent peu à peu. Comme avec tous les liants minéraux, le durcissement peut entraîner des fissures dues à la rétraction du matériau. Il convient donc de prévoir des joints de dilatation et de tenir compte du temps de séchage. Une chape de ciment est, en principe, praticable au bout de sept jours, mais il lui en faut 28 pour atteindre sa dureté définitive. En revanche, les chapes d'anhydrite et d'asphalte sont praticables beaucoup plus rapidement. Grâce à son élasticité, le bitume est toujours étendu en faible épaisseur sur de grandes surfaces sans joints. Il satisfait aux normes d'isolation phonique, sans nécessiter une sous-couche d'isolant spécial, puisqu'il empêche la transmission des bruits d'impact.

Isolation phonique du sol

Les chapes spéciales assurant l'isolation phonique du sol flottent sur une isolation élastique. Les joints de désolidarisation périphériques empêchent la transmission des sons le long des murs latéraux. Les chapes sèches, à base de plaques de plâtre, sont faciles à réutiliser et à changer. Le plâtre, le Terrazzo, la brique ou le bois présentent des surfaces très originales d'aspect. › voir ill. 41

\\Remarque:
Les crépis et les chapes se composent en majorité de matériaux inorganiques, et se rapprochent du béton dans leur mise en oeuvre (voir p.42). On peut travailler leur surface comme celle de la pierre (voir p.39).

\\Astuce:
Les crépis sont omniprésents dans la construction. Mieux vaut alors profiter de la grande variété de teintes et de textures qui existent. Celles-ci n'entraînent pas de coûts supplémentaires et contribuent à enrichir l'esthétique architecturale.

Ill.42:
Différents crépis

Crépis

Le crépi protège le matériau support et présente une surface homogène, voire décorative. › voir ill. 43 Il existe deux sortes de crépis : le premier à structure poreuse, absorbe l'humidité de son support. Il est souvent fragile et s'effrite sous l'effet de la charge. En tant que couche fragile recouvrant les parois d'un bâtiment, il requiert un entretien régulier. Le second prend la forme d'un revêtement solide et dense, qui résiste au temps. Facile à mettre en œuvre, il présente toutefois un inconvénient : si le crépi est endommagé, il faut le refaire entièrement car, du fait de sa forte adhérence, le support qu'il était censé protéger a souvent aussi été arraché.

Composition des crépis

On différencie les crépis suivant la nature de leurs liants : en raison de sa perméabilité à l'humidité, le crépi de terre s'emploie surtout en enduit d'apprêt ou en enduit intérieur. Le crépi de plâtre, sensible lui aussi à l'humidité, n'est employé qu'en intérieur, en revanche il est adapté à des travaux de surface et de décoration (le stuc). L'éventail des crépis à la chaux, perméables à la vapeur d'eau, s'étend des crépis à la chaux aérienne, plutôt souples, jusqu'aux crépis à la chaux hydraulique, très résistants. On les réalise en extérieur et en intérieur en raison de leur relative étanchéité. Les crépis à base de ciment permettent d'obtenir des ciments-chaux ou des enduits-ciments d'extérieur à faible capillarité. On obtient grâce aux adjuvants des crépis spéciaux, tel le crépi d'assainissement, le crépi pare-feu, le crépi insonorisant, ou le crépi isolant thermique.

Fond pour crépi

L'application du crépi doit se faire alors que celui-ci n'a pas encore développé d'adhérence propre. Il ne peut donc avoir qu'une épaisseur limitée. Si le support absorbe trop son humidité, il ne pourra pas sécher progressivement et atteindre sa dureté. À l'inverse, si le fond ne réagit pas à l'apport d'humidité, l'adhérence sera faible. C'est pourquoi on applique souvent entre le mur et le crépi une couche d'apprêt.

Support d'enduit/ grillage

Si le support ne peut offrir une adhérence suffisante, on doit employer des matériaux spécifiques de renforcement. Ces armatures de roseaux ou ces toiles synthétiques maintiennent le crépi en place. Ce procédé fonctionne aussi en remplacement d'un fond massif. Pour assurer le maintien du crépi, il est possible de rajouter des grillages métalliques. De tels crépis à grillages présentent une certaine élasticité, qui leur permet d'amortir les vibrations et par conséquent le son.

Aspect esthétique

Outre sa fonction protectrice, le crépi joue un rôle essentiellement esthétique. De loin, il donne parfois au bâtiment une apparence monolithique : sa texture n'est en effet reconnaissable que de près et c'est alors seulement qu'on s'aperçoit qu'il n'est qu'une enveloppe. › voir ill. 44 Cette texture dépend du matériau de base et du mode d'application. Elle reflète à la fois les outils utilisés, les gestes de projection ou de talochage et le processus de séchage. En surface, on perçoit aussi la répartition des agrégats (gravier ou sable) ou bien le geste de l'ouvrier. On peut colorer un crépi dans la masse ou en surface avec une couche de peinture.

Texture

La première texture est celle qui résulte de la projection du crépi frais et humide sur le mur. Pour de grandes surfaces, il est projeté au compresseur, pour des surfaces plus petites, à la truelle ou au balai. Si l'on souhaite créer des motifs, on peut l'écraser au bout de quelques minutes à la truelle, à la taloche, avec une planche de bois, des peignes ou des rouleaux avec relief. Un crépi écrasé peut être lissé à l'éponge peu de temps avant le séchage définitif. Une autre possibilité consiste à laver le voile de liant à l'eau en mettant au jour les agrégats. Les traitements de surface employés par les tailleurs de pierre sont également pratiqués. › voir chap. Pierre naturelle L'enduit gratté, dépossédé en surface de son liant soumis aux tensions, possède l'avantage d'éviter les fissures de retrait fréquentes sur les grands pans de mur. › voir ill. 42

Ill.43:
Composition décorative de façade crépie (stuc)

Ill.44:
Couche épaisse de crépi

Ill.45:
Différentes céramiques (tuiles, briques, carreaux)

CÉRAMIQUE, BRIQUE, TUILE

La céramique bénéficie d'une longue tradition remontant au IVe siècle avant J.-C. Son nom vient du terme grec «keramos» qui signifie terre cuite.

Argile, matière première

La matière première de la céramique est de l'argile composée essentiellement de silicates d'alumine hydratée. Sa structure lamellaire la rend malléable. À partir d'une substance souple que l'on presse dans un moule, on obtient ce que l'on appelle une ébauche. Les presses étireuses actuelles permettent, à l'aide de filières amovibles, de fixer à l'avance la section du produit et de le tronçonner à la longueur souhaitée.

Procédé de cuisson et propriétés

À la cuisson, la céramique devient hydro-résistante. Les lamelles commencent à fondre à partir de 800 °C. La poterie que l'on obtient alors possède un taux de capillarité élevé. Le grésage intervient à 1200 °C, lorsque les silicates d'alumine fondent et forment une structure vitrifiée. Les cavités d'air sont obstruées et la capillarité est réduite au minimum. On obtient ainsi un produit de frittage résistant au gel. La céramique subit pendant la cuisson une perte de volume peu contrôlable, à l'origine de la tolérance dimensionnelle élevée et de la qualité des produits. On range en général les céramiques en deux familles – céramiques fines et céramiques communes – en fonction de la taille de leurs grains et de leur taux de retrait. › voir ill. 45 La céramique possède une masse volumique, une dureté et une résistance à l'abrasion élevées. Comme la pierre, elle est peu résistante à la traction.

\\Remarque:
La céramique est un matériau inorganique. Sa structure ressemble à celle du verre (voir p. 62). La mise en oeuvre des briques équivaut à celle de la pierre naturelle (voir p. 39) et des blocs à liants minéraux (voir p. 45).

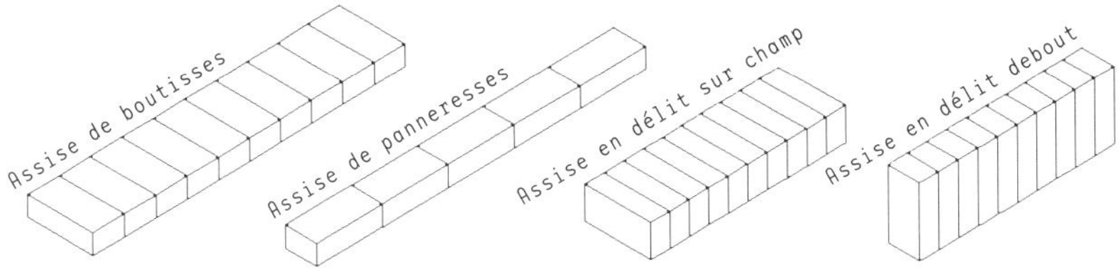

Ill.46:
Différentes assises de briques et leur dénomination

Surface

La texture et la couleur des céramiques résultent des procédés de moulage et de cuisson. Une autre possibilité de traiter la surface consiste à appliquer sur la poterie crue un enduit coloré, l'engobe ; cela lui confère dureté, lissage, couleur définitive et étanchéité. Enfin, il existe des techniques de flammage, en particulier pour le grès.

Brique

Les dimensions des briques ont pour base un système octamétrique (1/8 m). Les formats normaux couramment utilisés en maçonnerie apparente, plutôt petits, ont été depuis longtemps remplacés par des briques de grand format, surtout dans les parties non visibles de la construction. Ils ont néanmoins adopté le même système modulaire que les maçonneries précédentes. Lorsqu'on conçoit un bâtiment de brique, il est recommandé de se servir dès le départ du système octamétrique. Il sera plus facile de résoudre tous les problèmes de jonction. Les briques ne résistant qu'à la compression, il est important d'évaluer à l'avance les forces qui s'exerceront sur la maçonnerie.

Texture

La texture d'une maçonnerie en brique de terre cuite résulte surtout du jointoiement ; dans le cas des assises de boutisse ou de panneresses, elles s'imbriquent parfaitement les unes dans les autres quel que soit l'appareil. › voir ill. 46 La couleur du joint, son épaisseur et son type d'exécution déterminent la perception de la dimension et de la profondeur du matériau. Souvent, le joint est creux, ce qui dégage la profondeur de la brique. Ainsi, au-delà de l'ensemble de la maçonnerie, chaque brique détient son volume propre et protège en même temps les joints de la pluie. L'épaisseur courante d'un joint, de 1 cm environ, provient de la grande tolérance dimensionnelle des briques. Les lits de mortier et les joints verticaux permettent de rattraper les irrégularités.

Construction massive

Les briques sont mises en œuvre de façon très variée. Les procédés techniques récents permettent d'accélérer la construction à l'aide de formats plus grands et plus légers. Le poids et la faible conductibilité de ces briques allégées leur confèrent des propriétés d'isolation thermique. L'isolation s'améliore, même en simple paroi, si l'on ajoute à la terre des particules de bois ou des billes de polystyrène, produisant des cavités à la cuisson. Grâce aux presses étireuses fabriquant des briques perforées, on réduit aussi leur masse volumique.

Avant-mur

Si l'on souhaite avoir en apparence un mur de brique et une bonne isolation thermique, il faut renforcer l'isolation interne. Afin d'éviter de construire deux murs, entre lesquels viendrait se placer l'isolant, on monte un avant-mur constitué uniquement de matériaux hydrofuges, résistants au gel et à l'efflorescence, ou bien des clinkers. Cette enveloppe, en général de la largeur d'une brique, est fixée à la maçonnerie proprement dite par des ancrages métalliques en acier inoxydable. Un problème se pose aux ouvertures : soit les briques de dessous transmettent les charges, soit celles-ci sont supportées par des linteaux ou des profils d'acier. L'avant-mur doit d'autre part comporter des joints de dilatation tous les 5 à 12 m. › voir ill. 47

Dalles de céramique

Certaines façades sont recouvertes de plaques de céramique fixées par des crochets. Ce système protège le mur des intempéries grâce à ce fin parement extérieur et réduit nettement les charges. Les plaques de céramique n'adhèrent pas les unes aux autres, mais forment une surface de ruissellement jointoyée par recouvrement. Contrastant avec le caractère massif de la maçonnerie, ces façades paraissent légères.

Tuiles

›

Les tuiles obéissent à un principe de construction identique. Les tuiles plates (« queue de castor ») nécessitent un fort recouvrement et ne sont employées que sur des toits pentus. Les tuiles à emboîtement se posent sur des pentes plus faibles. › voir ill. 48

Recyclage

La brique, grande consommatrice d'énergie primaire mais possédant une grande longévité, se recycle facilement, à condition de pouvoir la séparer du mortier des joints. Comme elles sont posées sans mortier, les plaques de céramique et les tuiles sont des matériaux parfaits pour le recyclage ou le réemploi.

Ill. 47:
Rideau de briques en façade

Ill. 48:
Cour d'un lotissement

Ill.49:
Diverses façades en métal : plaques, tôle pliée, bandes de métal

MÉTAUX

Les métaux forment un groupe de composés chimiques extrêmement nombreux. On distingue d'une part les métaux lourds (plomb, cuivre, zinc et acier) à la masse volumique supérieure à 4500 kg/m^3, et les métaux légers (aluminium, magnésium), moins denses. Comme le fer est le métal le plus utilisé en construction, on distingue les métaux ferreux et non ferreux.

Propriétés

Les métaux se caractérisent par une forte masse volumique, une forte résistance à la compression et à la traction, une température de fusion, une conductibilité thermique et électrique élevées. À cela s'ajoutent leur brillance et leur élasticité. Ces propriétés proviennent de la structure cristalline; l'association de deux métaux (alliage) n'unifie pas dans son réseau cristallin les propriétés des deux métaux, mais crée de nouvelles propriétés. Ainsi, en jouant sur de faibles pourcentages de matière, on agit de manière ciblée sur les caractéristiques des alliages. L'acier compte à lui seul plus de 2000 alliages, dont l'acier inoxydable de différentes qualités, qui garde sa brillance en dépit des intempéries.

Fer et acier

Le mot acier désigne les métaux ferreux dotés d'un taux de CO_2 inférieur à 2%. Plus élastique que le fer, l'acier résiste encore mieux à la traction. Il peut être soudé. Du fait de leur grande solidité et de leur poids, on optimise la géométrie des éléments constructifs en fer et en acier, en fonction de leur future performance statique. La forme des poutres IPN ou des tôles trapézoïdales nous renseigne sur leur domaine d'application. La quantité de matériau employé est réduite au minimum. Le fer s'oxydant, il doit être protégé du contact avec l'air.

\\Remarque:
Pour d'autres informations sur les tuiles de toiture, reportez-vous au livre de la série «Basics» de Tanja Brotrück, *Construction de toitures*, Éditions Birkhäuser, Bâle, 2007.

\\Remarque:
Les métaux sont des matières inorganiques. Ils possèdent une structure cristalline et, comme le verre, sont élaborés par fusion (voir p. 62).

Ill.50:
Divers produits semi-finis

Zinc, cuivre et plomb

Le zinc et le cuivre, tous deux résistants aux intempéries et faciles à travailler, s'emploient en revêtement de façade ou de toiture ou comme gouttières. Dans le bâtiment, le zinc argenté est un alliage contenant un faible pourcentage de titane (zinc titane). Ce dernier réduit la dilatation thermique, améliore l'élasticité et permet de souder ce matériau. Le cuivre rougeoyant est apprécié en architecture pour son aspect brillant et sa bonne résistance aux intempéries. Par contre, le plomb gris mat est moins résistant. On le découpe aux ciseaux et le façonne à la main. Il s'emploie surtout pour des éléments de couverture, dont la fabrication industrielle dans d'autres métaux serait très coûteuse. Par abrasion, le plomb émet des poussières toxiques qui viennent contaminer la chaîne alimentaire.

Aluminium

L'aluminium, avec sa faible masse volumique, est un des métaux les plus légers. Il est employé partout où la réduction du poids et la résistance aux intempéries sont nécessaires, en particulier en façade. Sa couche d'oxydation naturelle (alumine) le protège des intempéries ; cette oxydation peut être renforcée par anodisation.

Fluage

Le fluage est une propriété particulière des métaux amenés à haute température : soumis à des contraintes, ils subissent une importante déformation plastique et une perte drastique de leur pouvoir porteur. Même s'ils ne sont pas combustibles, il convient donc de les protéger contre le feu.

\\Important:
Il est obligatoire de protéger les éléments métalliques porteurs contre l'incendie, notamment à l'aide de revêtements anti-incendie ou de peintures spéciales qui moussent en présence de feu et forment une couche protectrice.

Extraction

Seuls les métaux précieux comme l'argent, l'or ou le platine ont une si faible réactivité qu'ils existent purs dans la nature. Tous les autres métaux sont des minerais que l'on trouve sous la forme d'oxydes de carbone, d'oxygène ou de soufre : ils doivent donc subir un traitement mécanique et/ou chimique avant de pouvoir être usinés. L'impact sur le paysage et la forte dépense d'énergie primaire, nécessaire à l'extraction du minerai puis à sa transformation en métal, entraînent de graves nuisances pour l'environnement et des coûts élevés. On pèsera avec soin les avantages et les inconvénients de l'usage des métaux. Il y a toutefois de plus en plus de métaux recyclés et leur intégration progressive dans le cycle de vie de la matière améliore leur bilan écologique. › voir chap. Nuisances environnementales

Corrosion

Les métaux communs réagissent aux gaz atmosphériques et à l'eau. Lorsque deux métaux rentrent en contact, fortuit ou non, l'alliage le moins noble perd des électrons au profit de l'alliage le plus noble et seul le premier se corrode (corrosion galvanique). La couche de corrosion possède, outre une couleur distincte, des propriétés particulières liées à l'humidité. C'est ainsi que l'on observe, sur de nombreux métaux comme l'aluminium, le cuivre, le zinc et le plomb, l'apparition d'une pellicule protectrice. Le cuivre et ses alliages (le bronze, par exemple) se couvrent avec le temps d'une patine inégale gris-vert. › voir ill. 54 Sur les aciers résistants aux intempéries apparaît une couche de rouille protectrice de couleur marron, qui ne résiste cependant pas à une atmosphère trop humide. › voir ill. 49 à gauche Si l'on souhaite avoir un matériau patiné, il existe sur le marché des tôles prépatinées de manière uniforme.

Ill.51:
Structure porteuse d'un pont à haubans

Ill.52:
Éléments de façade en fonte

Aucune couche protectrice stable ne se forme sur le fer normal. On prévient la rouille, corrosion provoquée par l'air et l'eau, par laquage, émaillage ou pulvérisation, ce qui lui fait perdre son effet métallique. La protection par zingage la lui conserve.

Procédés de déformation

La déformation plastique à chaud ou à froid des métaux se nomme corroyage; durant cette opération, la structure de l'atome se réorganise à l'intérieur du métal et la résistance élastique augmente. Par laminage, on obtient tout d'abord de simples tôles. Les poutres d'acier et les tôles profilées existant sur le marché doivent donc être laminées en plusieurs étapes avant d'atteindre la forme voulue. Les profilés de section complexe sont obtenus à l'aide de presses à extrusion. Cette dernière les produit à partir d'une barre métallique massive, le plus souvent non ferreuse – en aluminium par exemple –, qu'elle pousse avec une très forte pression à travers une filière. L'étirage permet d'obtenir des barres et des fils d'acier, ainsi que des fers à béton. Un autre procédé est la frappe, qui s'effectue aussi bien à froid qu'à chaud. Les formes et les éléments d'assemblage complexes sont obtenus par coulage dans un moule. Les alliages de zinc et de cuivre sont utilisés pour les éléments de précision moulés; l'acier moulé pour les pièces d'assemblage complexes soumises à de fortes charges, dans les constructions en métal ou en bois.

Usinage mécanique

L'usinage mécanique recouvre un grand nombre de techniques dites «par enlèvement de copeaux» (procédés de soustraction produisant des copeaux): perçage, fraisage, ponçage, tournage, sablage, limage, sciage. Courbage, emboutissage, estampage et pliage octroient mécaniquement une nouvelle forme aux ébauches. Les produits semi-finis sont aussi fabriqués par corroyage et usinage mécanique. C'est ainsi que l'on obtient des tôles estampées, du métal déployé, des tissus métalliques, etc. › voir ill. 50

Types de fixation

Il existe deux grands systèmes de fixation des pièces en métal. Les fixations amovibles: vis, clous, rivets, chevilles, agrafes et colliers de serrage. Les fixations inamovibles résultent des techniques de soudure, de brasure et de collage.

Construction

Les métaux sont des matériaux de construction très performants, d'autant que l'on peut en optimiser les dimensions et les sections. Ils supportent les charges à la fois en compression et en traction. Les métaux fer-

\\Remarque:
Afin d'améliorer le recyclage des métaux, il est préférable de dessiner des charpentes métalliques démontables et séparables des autres matériaux non métalliques.

reux, résistants, s'emploient en particulier comme éléments de structure métallique. La fonte conserve l'empreinte du moule et supporte très bien les efforts de compression. › voir ill. 52 L'acier répond plus facilement aux exigences structurelles et formelles requises et possède une plus grande élasticité. L'ossature des poutres en acier et des constructions métalliques révèle on ne peut mieux le flux des charges. Bases et appuis jouent un rôle décisif : ils indiquent le transfert des forces surtout lors d'un changement de matériau porteur. › voir ill. 51

Habillage des façades

Les panneaux métalliques ou les tôles garantissent avec une très faible épaisseur un bon recouvrement et une protection des intempéries suffisante. Les tôles forment par exemple une peau très fine. Il existe des éléments de façades autoportants en acier ou en aluminium ; pour des raisons d'économie de matière et de poids, ils sont en général déformés, c'est-à-dire pliés ou bombés. Pour ces revêtements de façade, on emploie surtout des métaux élastiques et usinables à froid, comme le cuivre ou le zinc titane. Pour les surfaces planes, il est possible d'assembler les tôles par agrafure (recouvrement avec pliure) et d'en revêtir n'importe quelle forme de couverture, les plis soulignant cette forme. › voir ill. 53

De par leur structure à claire-voie, certains métaux utilisés en revêtement de façade peuvent aussi laisser pénétrer la lumière. On trouve, par exemple, des grillages métalliques, des métaux expansés ou des toiles métalliques. La brillance revêt un sens particulier en ce qu'elle souligne la matérialité de l'élément et oriente la lumière vers le fond du bâtiment.

Ill.53:
Couverture en zinc titane

Ill.54:
Patine de cuivre

Ill.55:
Façades en verre flotté, verre coulé et verre moulé

VERRE

La transparence du verre joue un rôle central dans l'architecture contemporaine. Ce matériau invisible aurait le pouvoir de dématérialiser un bâtiment. Repoussant les limites de l'espace bâti, il apporte à l'homme un de ses besoins fondamentaux: la lumière du jour.

Propriétés

À l'instar des autres matériaux, le verre absorbe le rayonnement lumineux. Comme cet échange se déroule dans une partie invisible du spectre de la lumière, il semble laisser passer la lumière. Lors de sa fabrication, le verre refroidit rapidement, aucune structure cristalline ne peut donc se former. Il appartient donc aux matériaux amorphes. Le verre est lourd (2490 kg/m^3), dur et fragile, inusable et très résistant en compression. En revanche, il ne supporte que de faibles sollicitations en traction et en flexion à cause de sa fragilité et de sa tension superficielle. Sa surface est donc fragile et comporte des défauts, des fissures microscopiques. C'est cette tension superficielle qui permet de le découper en le cassant le long d'une raie faite avec une pointe ou une roulette.

Composition

Le sable siliceux est le premier composant du verre. Plus précisément, le verre normal est composé de dioxyde de silicium, d'oxydes de sodium et de calcium. On modifie les propriétés du matériau en jouant sur sa composition chimique. › voir tab. 7

Procédé du verre flotté

Le verre plat, couramment employé dans le bâtiment, est fabriqué par le procédé du verre flotté. Celui-ci consiste à verser le verre en fusion sur un bain d'étain fondu. Le verre, plus léger, se répand en surface, refroidit lentement et se fige. Durant la phase de solidification, on le retire avec

\\Remarque:
Le verre appartient à la famille des matériaux inorganiques et inertes. Il partage nombre de ses propriétés avec les matières plastiques (voir p.66), et sa fabrication se rapproche de celle des métaux (voir p.57).

\\Remarque:
Les dimensions du verre ne dépendent pas de sa résistance, mais sont fonction des risques de cassure. Il est donc souvent surdimensionné.

précaution de la surface parfaitement plane de l'étain. Avec les lignes de fabrication de verre flotté, on produit un ruban sans fin, aussitôt découpé en plaques adaptées au transport, qui peuvent atteindre 7,5 m de long. Le verre obtenu par ce procédé possède une qualité de surface optimale, il est prêt pour une transformation ultérieure.

Verre laminé, pressé

Le laminage et le pressage sont d'autres procédés de production du verre. Le laminage est à l'origine des verres ornementaux décorés de motifs ou texturés, mais aussi des verres de sécurité et des verres profilés. Parmi les verres de sécurité, certains sont armés, c'est-à-dire coulés avec un grillage. Les verres profilés en forme de U sont autoportants : posés à la verticale, ils peuvent servir de parois vitrées.

Verre coulé

Le procédé du verre coulé consiste à couler du verre en fusion dans un moule, dans lequel il durcit. C'est ainsi que l'on fabrique les pavés, les briques ou encore les tuiles. Les pavés se composent de deux demi-briques pressées et soudées ensemble à 800 °C. Ces pavés ou ces briques se jointoient comme une maçonnerie. › voir ill. 55

Verre expansé/ fibres de verre

On produit aujourd'hui des verres isolants de qualité supérieure, résistants à la compression et à l'eau, avec, en partie, de la matière première recyclée. Les fibres de verre sont produites essentiellement sous deux formes : les fibres d'isolation (laine de verre) et les fibres textiles (plastique armé). En outre, filées en continu, elles peuvent servir de conducteur de lumière ou d'image (fibres optiques).

Transformations du verre

Suivant les besoins, le verre subit plusieurs transformations avant d'être utilisé dans le bâtiment, comme par exemple un traitement thermique ou une stratification. On obtient dans le premier cas une tension superficielle particulière. Le résultat : un verre de sécurité (ESG) dépourvu d'arêtes coupantes en cas de cassure. Un autre verre de sécurité (le TVG), feuilleté, produit de plus grands éclats mais également non coupants. Par

Tab.7:
Principaux types de verre et leurs applications

Dénomination	**Changement de composition**	**Effet**	**Application**
Verre borosilicaté	Ajout d'oxyde de bore	Résistant à la chaleur	Verre antifeu
Verre de quartz	Ajout de dioxyde de silicium	Résistant à la chaleur, transmission élevée	Système de production d'énergie
Verre plombé	Ajout de dioxyde de plomb	Capacité réfringente élevée	Lentilles, verre décoratif
Verre blanc	Diminution de l'oxyde de fer	Verre de couleur neutre	Façades
Verre coloré	Ajout d'oxyde de fer	Teinte verte à bleue	Verre décoratif
	Ajout d'oxyde de chrome	Teinte vert clair	Verre décoratif
	Ajout d'oxyde de cuivre	Teinte rouge	Verre décoratif
	Ajout d'oxyde de cobalt	Teinte bleu profond	Verre décoratif
	Ajout d'oxyde d'argent	Teinte jaune	Verre décoratif

\\Astuce:
L'orientation de la lumière et la protection anti-éblouissement ne font pas partie des caractéristiques inhérentes au verre, elles complètent néanmoins de manière décisive son usage. Par ailleurs, en mettant à profit les techniques d'effet de serre, le verre pourrait devenir une source d'énergie alternative.

ailleurs, divers procédés – émaillage (ajout d'émaux colorés), fusionnage ou fusing (assemblage de morceaux de verre superposés), dépolissage et impressions sérigraphiques – permettent d'obtenir des surfaces semi-transparentes, translucides ou opaques.

Produits semi-finis en verre

Grâce à la combinaison de plusieurs verres, il est possible de fabriquer des verres feuilletés de sécurité et des verres isolants (VIR). Pour obtenir des verres de sécurité, on introduit un film plastique (PVB) entre deux feuilles de verre collées. Lorsque le verre se brise suite à un impact, les éclats adhèrent au plastique et restent en place en offrant une résistance qui peut équivaloir celle d'un matériau pare-balles. Une fenêtre isolante thermique est composée de doubles ou triples vitrages séparés par des lames d'air, ce qui réduit de beaucoup le rayonnement thermique, surtout quand ces lames contiennent un gaz rare, tel que l'argon. En outre, le verre feuilleté est capable de réguler la quantité d'énergie solaire entrant dans le logement: le verre antisolaire rejette une partie des rayons vers l'extérieur, le verre à isolation renforcée (VIR), quant à lui, régule la température d'une pièce en laissant entrer la chaleur du soleil sans faire sortir celle de la pièce. Il existe enfin des verres spéciaux améliorant l'isolation phonique et la protection incendie, et des verres qui s'adaptent à leur environnement en réagissant à la lumière et à la température extérieures.

Ill.56:
Façade transparente

Ill.57:
Façade translucide

Systèmes de fixation

Pour éviter les sollicitations en traction et en flexion, le verre nécessite des supports de fixation adaptés : bandes de fixation pressées ou collées, supports ponctuels calés (cales dans un châssis), pattes d'attaches à une ou plusieurs branches pour le verre extérieur attaché (VAE).

Transparence et reflet

En général, privilégiant la transparence du verre, on utilise des fixations invisibles. La discrétion actuelle des structures porteuses relève de la même préoccupation. L'ossature de façade poteau-poutre a été au fil du temps remplacée par du verre soutenu par un treillis de fins câbles métalliques. › voir ill. 56 Toutefois, le verre ne permet pas une dématérialisation complète de l'architecture. L'œil ne perçoit en effet pas de la même manière les surfaces placées dans l'ombre et l'espace extérieur. › voir chap. Perception visuelle L'alternance de la nuit et du jour implique une pondération toujours changeante de ces rapports. On a, du côté sombre d'un vitrage, une meilleure perception des espaces, jusqu'au moment où la vue n'est possible que dans un seul sens. La surface du verre reflète alors en miroir l'environnement. On peut aussi réaliser à dessein des façades miroirs. Ces surfaces inquiètent le passant, qui se sent observé à son insu.

Translucidité et stratification

Il est possible d'atténuer le déséquilibre de l'alternance jour/nuit grâce à des matériaux translucides au travers desquels seuls les contours sont discernables. Une façade translucide devient une empreinte fonctionnelle du bâtiment : on perçoit les mouvements qui s'y déroulent et on en déduit la fonction. Lorsqu'un vitrage translucide est posé en façade, le matériau se trouvant derrière est visible, sans pour autant découvrir toutes ses caractéristiques de texture et de forme. Grâce à la perception des contours, on suscite chez l'observateur certaines attentes qui pourront être confirmées ou contredites. On peut ainsi réduire le degré de transparence au seul passage de la lumière, de manière que le matériau apparaisse translucide. La perception de l'espace et le relief des matériaux éclairés s'en trouvent renforcés. › voir ill. 57

Ill. 58:
Reflets sur verre

Ill. 59:
Verre comme surface de projection

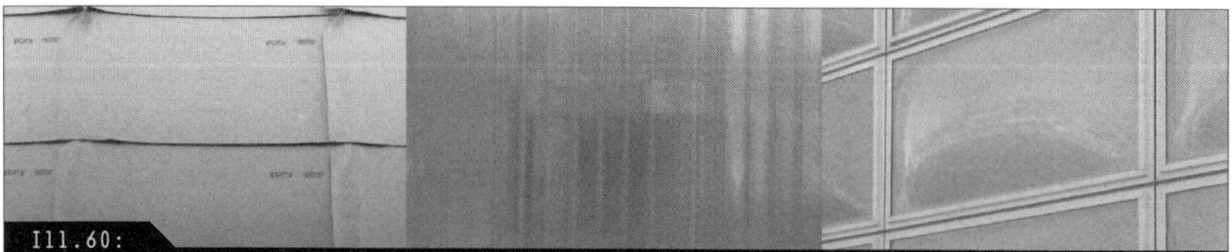

Ill.60:
Différentes applications du plastique (feuille, plaque structurée, panneau moulé)

PLASTIQUES

La famille des plastiques est la plus récente de l'histoire des matériaux de construction. Leur développement débute au XIXe siècle avec des matières premières naturelles comme le caoutchouc, et atteint son apogée dans les années 1960 parallèlement aux projets architecturaux futuristes de cette époque. La mauvaise réputation qu'ont connue les plastiques jusque dans les années 80 est aujourd'hui surmontée. Ils sont présents dans de nombreux composants de la construction et remplissent discrètement leur fonction de matériaux technologiques.

Propriétés

Même si leurs propriétés sont des plus diverses, ils partagent les caractéristiques suivantes : masse volumique et conductibilité thermique faibles, forte dilatation thermique, bonne résistance à la traction, à l'eau et aux agressions chimiques. En revanche, ils sont limités en matière de température d'usage à long terme : au-dessus, ils perdent toute solidité, au-dessous ils deviennent cassants. Il existe trois grandes familles de plastiques, classés selon leurs propriétés thermomécaniques.

Thermoplastiques

Les macromolécules ou polymères des thermoplastiques s'agglutinent sans véritable liaison chimique. Lorsqu'on les soumet à une chaleur supérieure à leur température d'usage, ils deviennent tout d'abord élastiques puis ramollissent. Cette élasticité sert, par exemple, à fabriquer des lés d'étanchéité ou des adhésifs en polyéthylène (PE) ou en PVC et à concevoir de nouvelles toitures gonflables en feuille d'ETFE ou certains revêtements de sols. › voir ill. 60 à gauche Le thermoplastique amorphe comme

\\Remarque:
Les plastiques sont d'origine organique mais ne possèdent pas de structure moléculaire définie. Ils constituent une matière première importante pour les textiles (voir p. 69) ; par la manière de leur donner une forme, ils ressemblent aux métaux (voir p. 57) par leur structure, au verre (voir p. 62), et se façonnent comme les dérivés du bois (voir p. 36).

\\Remarque:
On désigne les plastiques soit par leur dénomination commerciale, soit par leur composition mais, plus souvent, par l'abréviation de leurs composants (monomères) ou de leur procédé de fabrication, plus simple et plus rapide.

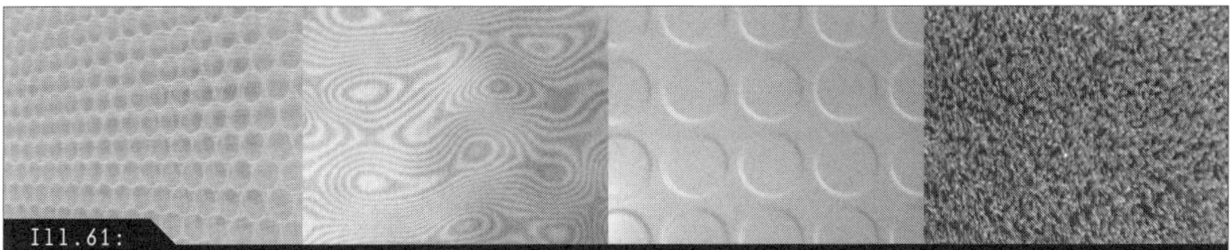

Ill.61:
Surfaces de plastiques semi-finis

le Plexiglas (PPMA) est transparent, dur et cassant. › voir ill. 60 à gauche Plus résistant, le polycarbonate (PC), qui possède soit une structure cristalline, soit amorphe « en pelotes », est moins transparent. On exploite la résistance et la solidité des thermoplastiques pour augmenter à l'extrême le volume d'air que contient chaque bille et améliorer ainsi les qualités isolantes du polystyrène (XPS/ EPS) ou du polyuréthane (PUR).

Duroplastiques

Les duroplastiques ou thermodurcissables forment des chaînes de polymères serrées. Ils sont fabriqués sous pression à haute température avec des additifs durcisseurs; citons en particulier la résine d'époxy (EP), servant à des enductions et des collages résistants. Associés à des fibres de verre, de carbone ou d'aramide, les duroplastiques sont à l'origine de matériaux structurels très performants. › voir ill. 63

Élastomères

Les élastomères possèdent eux des chaînes de molécules à larges mailles, molécules qui glissent librement entre elles. Les caoutchoucs synthétiques s'emploient, par exemple, en revêtements de sols ou en lés d'étanchéité car ils sont résistants à la chaleur et aux agressions chimiques. Leur élasticité est aussi gage d'isolation phonique. Les silicones (SI), composés non pas de carbone mais de silicium, se comportent comme les élastomères. Leur inertie thermique élevée les rend particulièrement performants en isolation intérieure et extérieure, entre autres pour obturer des joints de façade.

Fabrication

Les plastiques sont en grande partie tirés du pétrole, mais on peut également recourir à des matières premières renouvelables plutôt qu'à des énergies fossiles. Les granulats de base obtenus par raffinage sont ensuite transformés en produits semi-finis. Grâce aux techniques de fabrication et aux adjuvants variés, les plastiques bénéficient de propriétés et de couleurs multiples.

Transformation

Les procédés de transformation sont les suivants: l'extrusion (le plastique sous pression traverse une filière), le moulage par injection (moulé à haute pression et à température élevée), calandrage (laminage et impression), expansion ou extrusion (moussage). Grâce au procédé d'extrusion, on obtient des plaques à plusieurs alvéoles ou des profilés infiniment complexes. On peut ainsi calibrer la résistance et la capacité isolante thermique de ces produits. › voir ill. 60 au centre Des machines-outils à cylindre pressent et étirent les plaques ou les bandes de plastique ou estampent leur surface. De nombreuses plaques sont moulées d'après des critères constructifs, en particulier les plaques ondulées de grande portée. Les revêtements de sol sont dotés de surfaces antidérapantes. › voir ill. 61 au centre droit Le moulage à injection permet une grande liberté de création, à la seule condition de pouvoir retirer la pièce de son moule après qu'elle a durci. Ce procédé permet aussi d'obtenir des poignées de portes, des panneaux structurés et bien d'autres produits. › voir ill. 61 à gauche

Finition

Les thermoplastiques peuvent être produits par déformation, c'est-à-dire par emboutissage. La matière est chauffée, puis plaquée contre la matrice par un poinçon ou par aspiration sous vide. › voir ill. 60 à droite Pour rythmer une grande surface et créer des formes libres, on utilise une fraiseuse à commande numérique, pour tailler en trois dimensions des plastiques expansés. Ceux-ci sont ensuite recouverts d'un matériau de finition plus ferme. › voir ill. 63

Assemblage

Les panneaux en plastique s'assemblent comme ceux en verre. › voir chap. Verre Les panneaux profilés en verre acrylique comportent un rainurage latéral qui permet de les assembler bord à bord de façon rigide. Les panneaux ondulés forment par recouvrement une couche de ruissellement efficace. › voir ill. 60 au centre Les bandes ou les feuilles plastiques sont assemblées par collage, vulcanisation ou soudage. Les recouvrements ou soudures sont perceptibles en surface. › voir ill. 60 à gauche La soudure simple se fait en pressant et en chauffant les éléments, tandis que, pour des soudures de précision, on utilise la soudure par haute fréquence. Les extrémités sont souvent fixées par des bandes de blocage.

Recyclage

La consommation d'énergie primaire des plastiques et leur durabilité sont assez faibles comparées à d'autres matériaux. Certains types de thermoplastiques peuvent être remodelés et donc réutilisés. Cependant, le mode de recyclage le plus courant demeure encore la production d'énergie par incinération.

Ill. 62:
Façade en polycarbonate

Ill. 63:
Arrêt de bus à Hoofddorp (Pays-Bas)

Ill.64:
Différents textiles

TEXTILES ET MEMBRANES

Les abris en textile existent depuis les débuts de notre civilisation. Les peuples nomades vivaient sous des tentes aisées à transporter et à démonter mais surtout faciles à fabriquer. Les matières textiles, en particulier les tapis, représentaient dans ces cultures la définition la plus simple de l'espace. Les avantages qu'elles offraient autrefois demeurent identiques aujourd'hui, même si leur application est différente.

Fabrication

Le terme textile provient du latin et signifie «tisser» ou «tresser», quel que soit le matériau de base employé. Lorsqu'on donne aux matières une structure plane, elles portent le nom de tricot ou de tissu. S'il s'agit d'un assemblage désordonné et homogène, dans lequel les fibres s'enchevêtrent, on parle de feutre ou de non-tissé. En raison de leur structure tridimensionnelle, ces textiles sont adaptés dans le secteur du bâtiment pour l'isolation phonique.

Matières premières utilisées

Les fibres naturelles constituent les matières premières les plus utilisées pour la fabrication des textiles. On les étire pour former des fils. Le coton et la laine présentent des caractéristiques très appréciées en termes de perception tactile et de comportement à l'humidité. Si l'on se préoccupe de résistance (par ex. pour les revêtements de sol), on se tournera vers des fibres exotiques rêches, comme le coco ou le sisal. Ces fibres naturelles sont cependant parfois attaquées par des champignons, des bactéries ou des insectes. Les fibres synthétiques sont en général plus résistantes à la déchirure

\\Remarque:
Les textiles et les membranes ne possèdent ni composition chimique ni structure cellulaire bien définies. On les fabrique à partir de fibres naturelles, synthétiques (voir p. 66) ou métalliques (voir p. 57).

\\Remarque:
Il est possible de traiter chimiquement les textiles afin d'en améliorer les propriétés. Ces traitements ou ces revêtements peuvent toutefois contenir des composants nocifs pour l'homme. Les labels et les certificats de qualité garantissent une certaine transparence au sujet des procédés de fabrication.

Ill.65:
Emplois variés de textiles et de membranes (protection du soleil, de la vue et de l'éblouissement)

(polyester ou nylon). Recouvertes d'un enduit, elles deviennent imperméables mais sans s'opposer à la diffusion de la vapeur d'eau. On peut aussi fabriquer des tissus en fils métalliques (acier ou cuivre). Ceux-ci disposent d'une grande résistance et, suivant le mode de tissage, peuvent laisser passer la lumière.

Caractéristiques

Les textiles sont en général souples, chauds et agréables au toucher. Leurs propriétés respectives résultent du matériau initial et de son mode de transformation. S'ils ne remplissent pas en priorité une fonction esthétique, on les nomme « textiles techniques » ou TUT. Posés comme enveloppe, ils servent par exemple à protéger des intempéries, mais ils ne supportent que des charges en traction.

Assemblage

Les textiles sont le plus souvent cousus entre eux. Les coutures sont source de créativité : une couleur différente les met en valeur et une couture au revers les rend invisibles. Si les textiles forment un film tendu, la tension doit être linéaire. Les fixations ponctuelles créent des points faibles, c'est pourquoi on essaie de répartir les contraintes sur toute la surface. On utilise à cet effet des œillets, des coutures plates et des renforts. Les bandes de serrage ou des filins servent aussi à transmettre les forces. Les textiles offrent une grande diversité d'emploi, mais les applications suivantes sont les plus courantes.

Membranes

Malgré leur faible épaisseur, les membranes translucides protègent avec efficacité des intempéries et filtrent la lumière du jour. Elles sont particulièrement adaptées à des bâtiments temporaires et forment des structures portantes résistantes à la traction. Cette application fait appel à des toiles capables de répartir les forces grâce à leur tissage (fils de chaîne et de trame perpendiculaires) On peut également employer des films plastique en remplacement des matériaux textiles. Les constructions légères avec des membranes présentent des géométries courbes en trois dimensions pour pouvoir répartir de manière uniforme les efforts de traction. On peut les stabiliser grâce à des courbures contraires ne nécessitant pas de structure supplémentaire (surfaces en selle de cheval ou paraboloïde hyperbolique). › voir ill. 66 Les bords de ces structures à membrane sont toujours taillés en arc car, si ceux-ci étaient droits, les efforts de traction atteindraient des valeurs infinies et, si on réduisait la tension, la membrane pourrait faseyer comme une voile de bateau. On devra donc définir un nombre limité de points de reprise de charge. Les autres surfaces courbes telles que les coupoles ou les demi-cylindres nécessitent une structure auxiliaire dont les points et les lignes de fixation déterminent la forme générale. › voir ill. 67

Constructions amovibles

Du fait de leur légèreté, les membranes s'emploient aussi pour des systèmes amovibles de toiture, dont le mécanisme de rabat ou d'étirement est calculé en fonction de la toile dépliée. On ne peut utiliser de cette manière les toiles et les tissus en fibre de verre vu leur faible résistance au flex (pliage et flexion alternés).

Membranes multicoques

Certaines membranes multicoques remplissent également une fonction d'isolation thermique et peuvent être installées dans des bâtiments permanents. › voir ill. 66 Leur coefficient U oscille entre 2,7 et 0,8 W/m^{2}K. En revanche, il convient de prévoir d'éventuels défauts d'étanchéité. Aussi les volumes des coques doivent-ils constamment être approvisionnés en air. Dans le cas d'un dispositif à deux ou trois coques, et grâce une ventilation régulée, il est possible de prévoir un système de protection solaire. Les membranes simples se voient dotées d'une impression pour servir de pare-soleil. La variation de volume déplace ces motifs qui, en se combinant entre eux, forment alors écran. › voir ill. 65 à gauche

Architecture intérieure

Les tapis et les feutres sont souvent employés en revêtement de sol car ils apportent un confort tactile et acoustique appréciable et contribuent à la qualité de l'habitat. Dans le cas des surfaces d'assise de meubles ou des poignées, on recouvre d'abord le support de feutre ou de mousse pour souligner la souplesse et la chaleur du matériau. Les textiles sont aussi appropriés pour les parois amovibles et les rideaux, grâce auxquels on modifie les perspectives intérieures et extérieures ou l'intensité de la lumière entrant dans les pièces. Les voilages complètent la conception architecturale d'ensemble. › voir ill. 65 à droite Fermés, ils forment une surface translucide, ouverts, leurs plis ajoutent du volume à l'architecture intérieure.

Ill.66: Façade à membrane multicoque

Ill.67: Voûtes textiles

STRATÉGIES ARCHITECTURALES

La conception architecturale est une évolution de l'idée abstraite d'un bâtiment jusqu'à sa réalisation concrète. Elle a ceci de particulier que l'édifice n'existe pas, ou plutôt pas encore. Personne ne peut le toucher ni l'habiter. Néanmoins, il existe déjà sur le papier, par des dessins, des maquettes et des textes. Plans-masses, élévations, formes et couleurs, apparence et atmosphère, bois ou pierre, béton ou acier: le bâtiment est présent dans toutes ses dimensions, il est conçu et dessiné. Tout est là, mais rien n'est présent. La construction est donc inséparable du matériau. Dès la conception, la matérialité apparaît, parfois sous une forme schématique, souvent de manière très précise. Le matériau confère à l'architecture son apparence. Cette dernière est in fine un équilibre immanent entre la commande, la forme et le matériau.

Stratégies de projet

Comment aboutir à une matérialisation expressive et satisfaisante du projet? Deux stratégies prévalent: soit le matériau est le point de départ du projet, soit la conception s'affranchit au début des considérations matérielles pour y revenir plus tard. Si le choix des matériaux intervient dès l'origine, projet et construction se développent à partir des propriétés et de la signification du matériau. › voir tab. 6 À l'inverse, lorsque le projet est conçu indépendamment des matériaux, la matérialisation intervient dans un second temps, avec une nécessaire adaptation.

CONDITIONS GÉNÉRALES

Intégration au contexte

Architecture et matériaux sont toujours reliés à un contexte qu'il appartient d'analyser en amont du projet. Parmi les conditions générales les plus importantes se trouve en tête l'environnement: le bâti voisin, son échelle, ses proportions et, bien sûr, sa matérialité. Il faut ensuite tenir compte du climat et de l'exposition aux agents atmosphériques, mais aussi des matériaux déjà présents alentour. Par ailleurs, le cadre est défini par

\\Remarque:
Si les premières esquisses ou les concepts architecturaux ne comportent pas d'indications précises sur les matériaux utilisés, les plans définitifs les mentionnent expressément ou implicitement. La matérialité ne se perçoit qu'au travers d'un matériau. L'architecte ou l'entrepreneur acquiert au fur et à mesure de ses réalisations tout un choix d'échantillons qui finiront par constituer une collection.

\\Remarque:
Il est recommandé d'expérimenter ces deux stratégies. Entre un premier jet guidé par les matériaux et le développement de concepts abstraits sans relation directe avec la matière, chacun découvrira sa propre approche. Il ne s'agit pas non plus de camper sur ses positions, la meilleure manière de procéder étant toujours celle qui s'adapte le mieux aux données du problème, au cahier des charges.

le cahier des charges : fonction et signification de l'immeuble, projet architectural, moyens disponibles, utilisation.

L'existant

Le cahier des charges prescrit souvent l'intégration d'un bâti existant ou bien sa réhabilitation. Les choix formels et matériels s'effectuent alors à partir de sa structure, de sa construction et de ses matériaux. Le concepteur doit aussi prendre en compte les données suivantes : la circulation automobile, les demandes des usagers, les règlements de construction, ainsi que les contraintes techniques spécifiques. Les exigences auxquelles obéissent le plan, les matériaux et les éléments de construction résultent de la somme de ces multiples données. L'architecte a donc pour tâche de sonder les caractéristiques et les limites de chacun des matériaux choisis et de les réunir dans une construction logique.

Prenons l'exemple d'un terrain ou d'une commande se prêtant bien à la construction en bois. Cependant, exposée à l'humidité, cette matière organique est menacée de détérioration par les champignons ou les bactéries. › voir chap. Bois Son usage en extérieur requiert donc un traitement spécifique. Cela implique, par exemple, que la construction soit dissociée du sol, autrement dit surélevée ou posée sur un socle. › voir ill. 68 De plus, on est tenu de respecter les règlements de construction et de protection incendie qui interdisent notamment de placer un matériau combustible dans les issues de secours. Si l'on ne souhaite pas poser un revêtement anti-incendie ou si l'on veut faire l'économie d'un système de sprinklers, le choix du bois peut être remis en question.

Conditions changeantes

De nombreuses exigences spécifiques peuvent se voir modifiées et ne sont d'ailleurs pas exemptes de contradictions. D'un côté, les besoins de sécurité et les préoccupations environnementales augmentent : les usagers réclament davantage de confort ; ils souhaitent des matériaux durables, un entretien plus facile et un plus grand confort thermique. D'un autre côté, comme le transport est très facile, les matériaux proviennent souvent de pays lointains, les identités régionales s'effacent, et le choix des matières devient arbitraire : « tout peut convenir » … › voir chap. Exigences et besoins

C'est à l'architecte de peser avec soin le pour et le contre de ces multiples conditions. Son intuition doit l'aider à pressentir les orientations futures des nouvelles techniques et des exigences des usagers. Les matériaux innovants, les procédés de construction et les nouvelles technologies vont à l'encontre d'un besoin croissant de clarification et de réduction des questions posées par une société de plus en plus confuse adonnée aux médias. Il est possible de s'orienter en fonction de ces deux pôles contraires, pris comme « glissières de sécurité » puisque l'on peut, à partir de là, donner au projet une orientation personnelle et en évaluer la justesse. Cela aide à créer une architecture précise, proche de la réalité et tournée vers l'avenir.

Ill.68:
Base en pierre (Construction en bois japonaise)

Ill.69:
Bois en harmonie avec l'environnement

CONCEVOIR À PARTIR DU MATÉRIAU

Traditions et rapport au lieu

Le choix des matériaux des maisons anciennes résultait en général des ressources naturelles se trouvant à proximité; ces dernières déterminaient donc la faisabilité du projet. Les traditions régionales se sont en effet développées en étroite corrélation avec les matériaux locaux. De même, l'architecture a été marquée par l'existence de savoir-faire et de pratiques ancestrales de mise en œuvre des rares matériaux disponibles. Aujourd'hui, les distances de transport ne posent plus guère de problèmes. Les techniques de construction et les matériaux régionaux n'en continuent pas moins à jouer un rôle significatif, puisqu'ils assurent la liaison avec le lieu ou la région et s'intègrent dans l'environnement: telle la construction en bois dans des régions boisées, la maison en pierre dans les paysage rocheux ou la maçonnerie de brique sur des sols riches en argile. › voir ill. 69

Innovation

Toutefois, un projet peut aussi avoir pour origine un matériau peu courant ou complètement neuf. Ce choix n'est pas toujours évident, car l'on doit pour ce faire mettre entre parenthèses les conditions imposées par la situation: par exemple la mise en œuvre typique d'un matériau ou l'intégration dans un contexte urbain préexistant. On devra dans ce cas justifier avec soin ce choix. Il est fort possible qu'un matériau nouveau et rarement employé dans le bâtiment apporte de nouvelles qualités en termes de confort, de durabilité, de qualité esthétique ou d'économie. Un tel matériau confère au projet un caractère particulier et une atmosphère spéciale, impossible à atteindre avec les matériaux habituels. › voir ill. 70 Cela peut même enrichir le rapport au lieu. Lorsque l'on parvient à associer forme classique et matériau innovant, on renouvelle la perception et l'image du bâtiment. Ainsi un simple toit en batière, recouvert de tôles

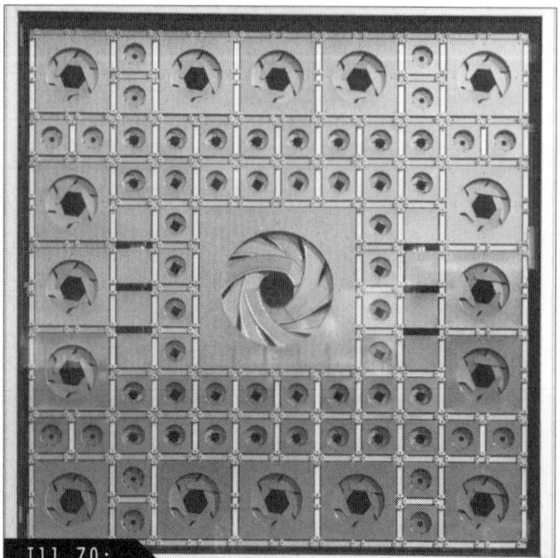

Ill.70:
Moucharabieh modulable en acier

Ill.71:
Chemin de bois

brillantes ou colorées, suscitera l'intérêt en créant un effet de surprise et de nouveauté, tout en gardant son expressivité. › voir ill. 62

MATÉRIALISATION DU PROJET

Matérialisation

Nous l'avons vu plus haut, on peut imaginer un projet indépendamment du matériau. Dans un premier temps, la matérialisation ne joue en effet qu'un rôle secondaire. Le concepteur met d'abord au point les formes, les relations entre les espaces et le rapport intérieur-extérieur. L'espace architectural repose sur des représentations liées à la perception ; le jeu des surfaces et des volumes fonde le cœur du projet. Une fois cette base établie, l'architecte recherche les matériaux venant soutenir l'intention du projet. La dimension matérielle oblige à passer au stade suivant, à être précis et concret. › voir ill. 72 Les choses deviennent plus présentes, elles prennent forme peu à peu et trouvent leur place à l'intérieur du projet. On donne sens à la matière ; l'impression visuelle, l'odeur, le toucher et l'acoustique se concrétisent.

Dialogue entre le projet et la matière

L'auteur du projet explore les lois statiques et mécaniques. Les limites de portée ou de rigidité, les principes d'assemblage et tout le travail qui se cache derrière les matériaux apparaissent alors. Les principes de construction, la taille des éléments et la nature du matériau contribuent à renforcer la logique interne du projet. La conception, jeu incessant entre l'intuition et la raison, penche seulement en apparence du côté de la rationalité. La compréhension et l'ordonnancement du projet en fonction du choix des matériaux suscitent de nouvelles émotions et de nouvelles idées et offrent des occasions d'améliorer la qualité du projet. Il est bon d'exa-

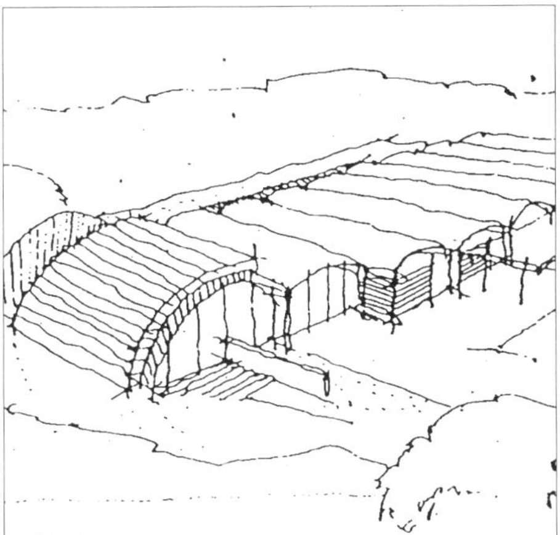

Ill.72:
Esquisse d'un centre de formation

Ill.73:
Plafond voûté, centre de formation

miner la conformité de l'architecture avec les propriétés des matériaux. De cette façon, on réalisera des projets aux formes linéaires tendues à l'aide de matériaux orientés et fibreux, ou bien des volumes pleins à l'aide de matériaux minéraux. › voir chap. Typologie des matériaux De la forme générale du bâtiment découle, par exemple, la structure porteuse la mieux adaptée ; les matériaux choisis dessinent les surfaces et permettent d'atteindre l'effet souhaité. › voir ill. 71

Rationalisation

Il est préférable qu'il y ait dialogue entre matériau et projet. Ce dernier se modifie à partir des facteurs contraignants – les propriétés physiques – et gagne en qualité et en caractère. Le projet tient compte des exigences constructives et des restrictions dans le choix des matériaux. Les murs qui délimitent les espaces intérieurs remplissent de nombreuses fonctions : ils opposent une résistance aux intempéries, sont étanches au vent et tempèrent les espaces intérieurs. Les éléments porteurs possèdent une certaine stabilité et sont capables de supporter ou de répartir des charges. Ces exigences comme, entre autres, le coût, limitent le nombre de matériaux susceptibles de traduire le concept architectural. La logique interne du projet s'affirme grâce à cette matérialisation des idées. › voir ill. 73

Transformation

Une autre possibilité s'offre aujourd'hui pour relever le défi posé par la matérialisation d'une idée : concevoir un matériau en fonction du projet. On contrôle de mieux en mieux les propriétés de la matière en fonction d'un usage précis. Dans le futur, on mettra certainement au point des matériaux sur mesure. La créativité des architectes, associée aux connaissances scientifiques des ingénieurs et des fabricants peut encourager le développement de matériaux nouveaux très performants. Cela enrichira le vocabulaire formel et améliorera la qualité de la construction. Mais cela accentuera peut-être aussi l'arbitraire de rapports faussés et augmentera le risque de problèmes techniques. ›✎

PARTIS PRIS

Indépendamment de la stratégie adoptée, les décisions matérielles, à savoir l'emploi précis et pertinent des matériaux, déterminent fortement la qualité du projet et, en définitive, celle du bâtiment. Certains matériaux revêtent, dans un contexte architectural donné des qualités particulières qu'ils n'avaient pas jusque-là. Ils peuvent aussi faire passer un message et susciter des interprétations très différentes. Les matériaux sont les éléments primordiaux du langage architectural. Leur vocabulaire obéit aux lois spécifiques de la matérialité, dont certaines sont présentées dans les paragraphes suivants

Monolithe (plasticité)

Construction monolithique

La construction monolithique est un principe architectural ancien. En raison du choix très restreint des matériaux locaux, les bâtisseurs d'autrefois se contentaient d'un matériau unique avec lequel ils construisaient tous les types d'édifices. Les pyramides d'Égypte, le Panthéon à Rome et les châteaux forts du Moyen Âge dégagent une impression monolithique. › voir ill. 74 Un seul matériau marque de son sceau l'expression architectonique. Aujourd'hui, ce sont les bâtiments de béton brut qui incarnent l'idée de «monolithe», au sens propre du mot : le corps du bâtiment semble être «fait d'une seule pierre», ici artificielle. › voir chap. Béton D'autres matériaux constituent aussi une forme d'expression monolithique, en particulier la brique ou bien la pierre, appareillée en bossages. › voir les chap. Céramique, brique, tuile et Pierre naturelle Il s'agit dans tous les cas de créer un jeu de volumes uniformes et denses. L'architecture tend toujours vers une unité qui s'impose d'elle-même lorsque l'on se tient devant un édifice monolithique. L'enveloppe et la structure interne se composent d'un seul et même matériau – ou du moins en ont l'air. Si c'était le cas, il devrait

✎

\\Astuce:

Définir la matérialité du projet requiert une bonne connaissance des matériaux. Autant se familiariser très tôt avec la diversité des matériaux industriels et être au fait des informations et des tests fournis par les fabricants. La connaissance de matières habituelles ou inhabituelles, l'analyse de leurs propriétés et de leurs qualités sensorielles aident à se forger sa propre conviction, base des choix personnels ultérieurs.

Ill.74:
Coupole à caissons du Panthéon à Rome

Ill.75:
Façade-rideau du musée Ritter (près de Stuttgart)

en effet satisfaire à toutes les exigences auxquelles doit répondre une construction.

Effet monolithique

Néanmoins, cet objectif est de plus en plus difficile à atteindre, compte tenu des exigences croissantes qui pèsent sur les bâtiments. Des murs en pierre de taille ne répondent plus aux besoins actuels de confort et sont hors de prix. Les enveloppes et les structures des bâtiments sont rarement dans le même matériau. Les architectures de béton brut semblent aujourd'hui monolithiques, mais leur construction relève plutôt d'une stratification. › voir chap. Béton Derrière les murs de béton, se cachent l'isolation thermique, les conduites, les gaines et d'autres équipements. Chaque élément répond à un usage spécifique pour lequel il a été conçu : porter, raidir, isoler ou étanchéifier. Les parements extérieurs de pierre, de brique ou d'enduit, ou encore – à l'intérieur – les panneaux en plâtre peuvent être mis au service de cet effet monolithique, si l'on prévoit des systèmes d'assemblage discrets ou sans joints. Les arêtes des volumes jouent alors un

\\Astuce:
La qualité d'une construction monolithique et d'une architecture toute en volumes procède d'une conception basée sur la soustraction. Cela implique un recours limité aux ouvertures, découpées en profondeur dans le corps du bâtiment, ou bien largement ouvertes mais intégrées à l'enveloppe monolithique. Pour ce faire, à l'aide d'huisseries discrètes et de vitrages réfléchissants, les ouvertures épousent l'aspect lisse de l'enveloppe.

rôle prépondérant. L'effet de massivité disparaîtrait si les fines tranches du matériau du revêtement ou même si des joints ouverts étaient offerts à la vue. En revanche, les pierres d'angles et les joints fermés renforcent l'aspect monolithique. › voir ill. 75

Stratification et surface

Fonction

Si l'on veut satisfaire le mieux possible aux exigences techniques, il est impossible de se passer de parois formées de plusieurs couches. Cette règle ne s'applique pas seulement aux murs extérieurs, mais aussi aux toitures, plafonds, et mêmes aux cloisons intérieures les plus sollicitées. Reprise de charges et contreventement, isolation et étanchéité, protection acoustique et incendie, régulation de la qualité de l'air et durabilité sont quelques-unes des exigences que remplit aujourd'hui un ensemble de strates. › voir chap. Conservation des fonctions

Stratification visible et invisible

Cette stratification est invisible dans le cas de surfaces transparentes. Les couches des vitrages performants assurent en effet l'étanchéité et l'isolation. Les gaz rares contenus dans les lames d'air améliorent leur capacité d'isolation thermique et phonique, des films spéciaux rejettent la chaleur à l'intérieur de la pièce ou la protègent d'un trop fort rayonnement solaire. › voir chap. Verre Le travail de l'architecte consiste aujourd'hui à disposer intelligemment un ensemble de strates pour chacune des parties du bâtiment. Il lui faut donc dresser la liste des contraintes supportées par un élément et les classer par fonction. En découle le nombre de matériaux différents à utiliser, en fonction de leurs caractéristiques techniques, › voir chap. Propriétés techniques pour former un ensemble fonctionnel. La durée de vie des strates, tout comme leurs caractéristiques techniques et esthétiques, fait partie d'un système complexe d'interactions.

Effet de surface

Dans la mesure où les strates sont réunies pour présenter une seule surface, c'est le caractère de surface et non celui de volume qui est mis en avant ici. Le jointoiement induit d'autres associations : division plutôt qu'homogénéité, légèreté et même parfois fragilité, mouvement plutôt qu'immobilité pétrifiée. › voir ill. 76

Pour que les surfaces ressortent, elles ne doivent pas coïncider avec les arêtes du bâtiment ; elles peuvent s'arrêter avant ou se prolonger au-delà. Les strates peuvent s'évanouir à leurs extrémités, devenir diffuses. On peut aussi supprimer certains niveaux de la structure afin de mettre au jour certaines strates et d'en faciliter la compréhension ou celle du procédé de construction. › voir ill. 77

L'esthétique planéiforme trouve l'accomplissement de son idéal dans des parois d'une extrême finesse qui semblent n'exister qu'en deux dimensions. Dans d'autres cas, les exigences techniques, en particulier d'isolation, impliquent de fortes épaisseurs. En disposant séparément les strates et en dissociant visuellement les revêtements de leur support, on souligne

Ill.76:
Composition des surfaces

Ill.77:
Dissolution des surfaces

l'affinement des surfaces. Du fait de leur faible épaisseur, les revêtements métalliques en particulier, mais aussi le verre ou le plastique permettent de tels effets. › voir les chap. Métaux, Verre et Plastiques

Unité et variété

De l'homogène à l'hétérogène

Le principe de stratification n'est pas le seul à s'appuyer sur des matériaux différents adaptés chacun à une fonction spécifique. L'enveloppe architecturale fait aussi l'objet d'exigences contradictoires, hétérogènes, impossibles à résoudre avec un seul matériau. Dans ce cas, chaque élément et chaque fonction prendront une forme matérielle distincte. Le soubassement, soumis aux charges mécaniques et à l'humidité, se démarque des revêtements placés au-dessus de lui ; de même, les façades avant et arrière d'un édifice ne présentent pas le même caractère. Les matériaux indiquent par ailleurs les usages internes du bâtiment. Les différences de matière influencent l'échelle et les proportions ; elles dessinent façades et pièces, comme une matière homogène et unie n'aurait pu le faire. › voir chap. Perception visuelle Ce parti pris aboutit parfois à une juxtaposition de matériaux où l'habituel et l'incongru, placés dans un contexte nouveau et hétéroclite, donnent un sentiment d'inachevé. Ces associations parviennent aussi à donner une valeur nouvelle à des éléments d'ordinaire peu appréciés. › voir ill. 78

Tension issue de la diversité

Jouer avec la diversité des matériaux ouvre des possibilités nouvelles, mais accroît le risque de problèmes techniques dus à la conjonction de matériaux aux propriétés incompatibles. Si une architecture se forme à partir d'un jeu de tensions entre les surfaces, elle ne repose pas sur la signification claire d'un matériau, mais davantage sur la diversité en tant que

Ill.78:
Collage de matériaux

Ill.79:
Transparence et légèreté

telle. La superposition des matériaux est assumée et s'articule en structures hétérogènes. Relations et tensions résultent du contraste de matériaux disparates. Surfaces, couleurs et textures variées délivrent sciemment des messages divergents et suscitent des impressions changeantes. › voir ill. 78

Structure et enveloppe

Ossature et enveloppe

L'architecture doit tenir compte de la gravité terrestre, sans pour autant être obligée de la montrer. Deux positions contraires s'affrontent au sujet des structures porteuses d'un bâtiment : on peut les révéler en soulignant les lignes de force et l'ossature, ou les dissimuler jusqu'à nier la force de gravité. Comme nous l'avons présenté plus haut, une conception cubique ou même monolithique va dans le sens du parti structurel. L'effacement des volumes au profit des plans et des surfaces tend vers la légèreté et relègue l'ossature à l'arrière-plan. La matérialité contribue donc fortement à la création d'un effet d'allègement ou de masse, et ce grâce à l'emplacement, aux dimensions et à la forme des éléments porteurs. Les matériaux très performants comme l'acier permettent d'en réduire le nombre et l'épaisseur. Les surfaces lisses renforcent aussi cet effet d'allègement. › voir ill. 79

Dissolution et pesanteur

Les couleurs ou les motifs qui se propagent en surface favorisent l'impression de légèreté et même de dissolution apparente de la matière. De fins enduits, des panneaux ou des dalles brillantes comme les céramiques vernissées y contribuent. La texture de la pierre polie ou du verre agit comme une peau tendue, insensible aux ouvertures percées en façade. › voir ill. 77

De telles surfaces scintillent et varient en fonction du point de vue. Elles prennent parfois l'apparence de voiles légers et translucides, tel le métal déployé, les mailles métalliques ou les tôles perforées. › voir chap. Métaux On peut obtenir le même effet avec des surfaces opaques d'enduit ou de pierre comportant de fins reliefs. À la différence de ces effets de dissolution, l'appareil en bossages impose sa solidité et sa pesanteur. Les maçonneries en brique accentuent la massivité des volumes tant que la brique garde une texture grossière et mate. Le choix du type de joint et de mortier détermine l'impression finale. › voir chap. Céramique et brique

Nuances

Des nuances peuvent influer sur la perception des matières : lisse ou texturée, brute ou décorative, jointoyée ou plane, unie ou tachetée. Ces différences proviennent du matériau lui-même comme on le voit en comparant une pierre de couleur homogène avec une céramique vivante et finement flammée, ou bien en observant la variété des couleurs de briques, depuis le beige jusqu'au rouge sombre en passant par l'orange lumineux, sans oublier le large éventail des essences de bois. Des différences subtiles découlent par ailleurs de la mise en œuvre des matériaux. › voir chap. Les différents matériaux L'application d'une couche teintée ou non, lasurée, brillante ou couvrante, ajoute une dimension supplémentaire, presque imperceptible, à la matière.

Joints et assemblages

Ce n'est qu'à première vue que les joints et les assemblages apparaissent secondaires ; en fait ils unissent les éléments de construction en une totalité. Ils se trouvent nécessairement là où des éléments, différents ou semblables, sont juxtaposés. Ils séparent aussi des pans entiers de façades ou de bâtiments les uns des autres, afin de permettre des mouvements ou des affaissements. En principe, ils s'affirment comme des éléments visibles.

Tracé des joints

›✎

Ces agents de liaison que sont les joints ne montrent en fait pas les divisions du matériau mais sa composition. Bien que n'en faisant pas partie, ils sont détérminés par les propriétés du matériau. Le joint marque la

✎

\\Astuce:

Pour dessiner le tracé des joints, on se base tout d'abord sur les spécifications techniques et les méthodes de jointement ou d'assemblage propres à chaque matériau. Ce tracé contribue à la clarté et à la logique du projet. Sur cette base, il est possible de développer des solutions originales, qui donneront du dynamisme au projet par exemple dans le cas d'une trame abstraite.

division en éléments d'un matériau, qu'il s'agisse du matériau lui-même ou de son moule dans le cas du coffrage.

Avec les jointoiements apparaissent des tracés qui opèrent des divisions intermédiaires au sein des proportions générales d'un bâtiment. Ces divisions suivent des spécifications techniques, formats prédéfinis des matériaux, marges de dilatation et phases de construction. Toutefois, il est toujours possible de prendre la liberté de conformer les joints aux idées architecturales : on peut soit les placer de manière logique aux démarcations imposées par le nombre d'étages, par l'ossature ou par l'agencement des ouvertures ; soit les cacher complètement et créer d'autres tracés. › voir ill. 79 En fin de compte, les jointements indiquent le rythme formel du bâtiment et déterminent le jeu des échelles. Par exemple, les murs en maçonnerie en joints pleins dégagent une impression de massivité et participent à l'apparence homogène et pesante de l'édifice. À l'inverse, des joints creux soulignent l'horizontalité des assises. Avec des revêtements minces, les joints ouverts révèlent la stratification, voire l'infrastructure. › voir ill. 80

Fixations

Par ailleurs, on peut rendre visibles ou invisibles d'autres assemblages, comme les crochets des pierres de parement ou les vis des panneaux de bois. Tous deux ont pour fonction première de fixer avec précision un élément tout en prévoyant ses mouvements éventuels (dilatation, rétraction) : pour la pierre et la brique, ils sont minimes, pour le bois et les métaux, il est impératif d'en tenir compte. Les fixations invisibles soulignent l'unité d'un matériau. Les vis apparentes signalent la précision du montage mais aussi sa simplicité et la possibilité de modification ultérieure. Si les fixations se répètent selon un rythme défini, elles jouent un rôle important dans l'apparence générale du bâtiment. Les rivets des charpentes métalliques font ainsi comprendre le flux des forces. › voir ill. 81 Ils révèlent, tout comme beaucoup d'autres fixations apparentes, tout le travail d'assemblage et de liaison au sein de l'architecture.

Joints

Ainsi, les joints et les assemblages mettent en valeur le matériau et participent à l'élaboration d'une image d'ensemble cohérente. On peut aussi les faire ressortir pour qu'ils surpassent en présence le matériau principal. Le joint ou la pièce d'assemblage domine par son expressivité le matériau qu'il rejette au second plan. Toutefois, in fine, ils sont au service de l'idée d'ensemble, ils la renforcent. Indispensables, dans la mesure où un bâtiment est fait d'innombrables éléments, ils diffèrent par leurs fonctions, leur matériau, leur forme et leur taille. L'art et la manière de les équilibrer feront de ces détails un facteur de cohérence ou de division, de tension ou de légèreté, de solidité ou de fragilité.

Ill.80:
Mise en scène des joints

Ill.81:
Gare centrale de Francfort/Main

CONCLUSION

Le choix des matériaux, leur emploi et le jeu des détails jouent un rôle décisif au sein du processus de conception. Formes et matériaux sont appelés à se fondre en une entité logique.

Matérialité

Le point de vue purement sensoriel de la perception visuelle d'un matériau – de ses couleur, texture, brillance, assemblage, etc. – occupe souvent la première place. Les perceptions par les autres sens – toucher, odeurs, comportement acoustique et thermique – sont inséparables de la première impression.

La structure physique, la charge admissible, la résistance, la durabilité et les multiples effets sur l'environnement, autrement dit les propriétés internes du matériau sont, elles, beaucoup moins faciles à appréhender.

Ces valeurs objectives, « intrinsèques » proclament pourtant ce qui est techniquement faisable. Elles apportent logique et évidence à la concrétisation de l'architecture.

Chaque matériau se définit enfin au travers de significations culturelles et symboliques. Ces appréciations sont largement partagées, sans être pour autant objectivables. Aussi peut-on les interpréter de différentes manières et leur donner de surprenantes nouvelles significations.

Matérialisation

La matérialisation d'un projet d'architecture est un processus passionnant qui relie les expériences sensorielles, les connaissances techniques et souvent le plaisir de l'expérimentation. En effet, seule la créativité qui invite à comparer les matériaux, à les sortir de leur contexte et à les penser sous des formes et structures nouvelles, permet d'atteindre une harmonie entre le projet et la matérialité, jusqu'à trouver un accord parfait entre le programme, la forme et le matériau. Dessins, maquettes et expérimentation de matières confèrent une présence au futur bâtiment. On a l'impression qu'il existe, alors qu'il n'est pas encore réalité !

RÉFÉRENCES BIBLIOGRAPHIQUES

Construire avec l'acier, Le Moniteur, Paris, 2002
Construire avec les bétons, Le Moniteur, Paris, 2000
Couasnet: *Propriétés et caractéristiques des matériaux de construction*, Le Moniteur, Paris, 2005
Déoux: *Habitat, qualité, santé*, Médiéco, Andorre, 1997
Deplazes (éd.): *Constructing Architecture*, Éditions Birkhäuser, Bâle 2005
Duneau, Janot: *La Magie des matériaux*, Odile Jacob, Paris, 1996
Gauzin-Müller: *Construire avec le bois*, Le Moniteur, Paris, 1999
Guillerme: *Bâtir la ville, Révolutions industrielles dans les matériaux de construction France-Grande-Bretagne, 1760–1840*, Champ-Vallon, Paris, 1994
Hegger, Auch-Schwelk, Fuchs, Rosenkranz: *Construction Materials Manual*, Detail, Munich, 2006
Kur: *L'Habitat écologique, quels matériaux choisir ?*, Terre Vivante, Mens, 2005
Lamarre: *Architecture en béton blanc*, Le Moniteur, Paris, 2003
Manzini: *La Matière de l'invention*, Centre Georges Pompidou, Paris, 1989
Marrey: *Des Histoires de bois*, cat. expo., Pavillon de l'Arsenal/Picard, Paris, 1995
Marrey: *Les Matériaux de Paris*, éd. Parigramme, Paris, 2002
Oliva, Courgey: *La Conception bioclimatique*, Terre vivante, Mens, 2006
Oliva: *L'Isolation écologique*, Terre vivante, Mens, 2001
Peuportier: *Éco-conception des bâtiments – bâtir en préservant l'environnement*, Presses de l'École des Mines de Paris, Paris, 2003
Picon (éd.): *L'Art de l'ingénieur*, cat. expo., Centre Georges Pompidou, Paris, 2001
Weston: *Formes et matériaux dans l'architecture*, Seuil, Paris, 2003
Wilquin: *Construire en aluminium*, Le Moniteur, Paris, 2001

Revues

Detail Review of Architecture, 6. Materials and Surfaces, 46, série 2006, Institut international de documentation sur l'architecture, Munich, 2006 (avec un résumé français)
AMC, *Béton*, Hors-série, 2005
AMC, *Bois*, Hors-série, 2006

CRÉDITS ICONOGRAPHIQUES

Ill. page 10 (E. Cullinan) : Viola John

Ill. page 26 (Herzog & de Meuron) : Alexandra Göbel

Ill. page 72 (R. Moneo) : Collection de diapositives, TU Darmstadt, Département d'Architecture, Prof. Max Bächer

Ill. 1, 2, 3, 4, 5, 6, 7, 8, 9, 10, 11, 14, 15, 16, 17, 18, 21, 22, 24 (étudiants de la TU Darmstadt), 25, 26, 27 (M. Breuer), 29, 30, 31 (P.L. Nervi), 32 (T. Ando), 33, 34, 37, 38, 40, 41 à droite, 42, 45, 46, 47 (H. Kollhoff), 49, 52, 54 (J.M. Olbrich), 55, 57 (P. Zumthor), 58 (HHS), 59 (Krenck Sexton Architects), 60, 61, 62 (Pfeifer. Kuhn), 64, 65, 66 (Herzog & de Meuron), 67 (von Gerkan, Marg + Partner), 68, 69, 70, 71, 72, 73, 74, 75, 78, 79, 81 :

Collection de photographies, TU Darmstadt, Département d'Architecture, Conception architecturale et performances énergétiques, Prof. Manfred Hegger. Remerciements particuliers à Viola John et Sebastian Sprenger.

Ill. 12 : Nigel Young/Foster and Partners

Ill. 13, 43 : Ulf Michael Frimmer

Ill. 19 (P. Zumthor), 35 (F.L. Wright), 36 (H. Herzberger), 48 (J. Utzon), 56 (Forster Partners), 67, 80 : Collection de diapositives, Prof. Max Bächer

Ill. 20 (archifactory) : avec le soutien de Gernod Maul et du Bund Deutscher Architekten BDA, Landesverband NRW ; www.bda-duesseldorf.de

Ill. 23 (G. Asplund) : Christopher Klages

Ill. 28 (HHS) : avec le soutien de Constantin Meyer Photographie Cologne et HHS Planer + Architekten AG; www.hhs-architekten.de

Ill. 44, 76 : Bert Bielefeld

Ill. 37, 50 : avec le soutien de raumPROBE; www.raumprobe.de

Ill. 39 (Meixner Schlüter Wendt) : avec le soutien de Christoph Kraneburg et Meixner-Schlüter-Wendt Architekten; www.meixner-schlueter-wendt.de

Ill. 41 à gauche : Brian Pirie

Ill. 41 au centre : Creaton, Werk Autenried; www.creaton.de

Ill. 51 (B. v. Berkel) : Katrin Kuhl

Ill. 53 (F. Gehry) : Isabell Schäfer

Ill. 63 (NIO) : NIO architecten; www.nio.nl

Ill. 65 à gauche : Festo AG & Co. KG; www.festo.com

Ill. 77 : Atelier Kim Zwarts

AUTRES TITRES PARUS DANS CETTE SÉRIE :

Basics Concevoir l'habitat
Jan Krebs
ISBN 3-7643-7953-7

Basics Maquettes d'architecture
Alexander Schilling
ISBN 3-7643-7956-1

Basics Dessin technique
Bert Bielefeld, Isabella Skiba
ISBN 3-7643-7951-0

Basics Construire en maçonnerie
Nils Kummer
ISBN 3-7643-7955-3

Basics Construction de toitures
Tanja Brotrück
ISBN 3-7643-7952-9

Éditeur : Bert Bielefeld
Conception éditoriale : Bert Bielefeld, Annette Gref
Mise en page et couverture : Muriel Comby
Composition : Viola John
Iconographie : Sebastian Sprenger
Traduction de l'allemand : Aymone Nicolas
Rédaction : Thomas de Kayser

Information bibliographique de la Bibliothèque Allemande
La Bibliothèque Allemande est dépositaire de cette publication dans sa bibliographie nationale ; les données bibliographiques détaillées peuvent être consultées sur
http://dnb.ddb.de

Ce livre est aussi paru en version allemande (ISBN 3-7643-7684-8) et anglaise (ISBN 3-7643-7685-6).

Imprimé sur papier sans acide, composé de tissus cellulaires blanchis sans chlore. TCF ∞
Imprimé en Allemagne

ISBN-10 : 3-7643-7954-5
ISBN-13 : 978-3-7643-7954-4

9 8 7 6 5 4 3 2 1

www.birkhauser.ch